世界哲學史 2

古代篇(II) 世界哲學的誕生：建立與發展

世界哲学史2——古代II 世界哲学の成立と展開

伊藤邦武／山內志朗／中島隆博／納富信留 主編
黃耀進 翻譯
山村奨 監譯

目次

contents

前言／納富信留　005
第一章　哲學的世界化與制度、傳統／納富信留　009
第二章　傳入羅馬的哲學／近藤智彥　033
第三章　基督教的成立／戶田聰　059
第四章　大乘佛教的成立／下田正弘　081
第五章　古典中國的成立／渡邊義浩　107
第六章　佛教與儒教的論爭／中島隆博　131
第七章　瑣羅亞斯德教與摩尼教／青木健　157
第八章　柏拉圖主義的傳統／西村洋平　179
第九章　東方教父的傳統／土橋茂樹　203
第十章　拉丁教父與希波的奧斯定／出村和彥　225
專欄一　亞歷山卓文獻學／出村宮子（音譯）　104
專欄二　尤利安的「生活哲學」／中西恭子　200
專欄三　李約瑟的發現／塚原東吾　249

後記／納富信留 251
作者簡介 253
年表 259

PROLOGUE

前言　納富信留

至今為止，「哲學史」多以西方為核心，涵蓋範圍自古希臘、羅馬時代起，持續至現代的歐洲與北美，而其他地區與傳統則往往被排除在討論之外。換言之，「哲學」（philosophy）一詞常被默認為西方哲學的專有領域，而印度、中國、伊斯蘭等強大的哲學傳統則多被歸為「思想」來區分。除了上述地區之外，拉丁美洲、俄羅斯、非洲、東南亞以及日本等地的哲學幾乎未曾進入主流哲學史的視野。

然而，當今的世界早已超越了西方文明的框架，邁向多元價值與各種傳統交織融合的新時代。在這個背景下，當前的環境問題、宇宙問題等，皆需我們從全球視角進行重新思考。回顧哲學的歷史，探索古代文明中誕生的諸多哲學傳統，思考各大帝國的發展進程與文化傳統的形塑，並探討近代社會與科學的興起，世界的全球化進程及其伴隨的紛爭等，或許還能為未來的發展預見某些可能性。我們身處的正是這樣一個宏大的「世界」。

「世界哲學」（World Philosophy）並不僅僅是將各地區的哲學成果拼湊起來，而是試圖以「世界」的視角來重新審視哲學。從人類與地球這樣廣闊的維度，並結合過去、現在與未來的時間流動，我們得以再次檢討自身的傳統，探索人類智慧的可能性。作為亞洲的一部分且融合了西方文明的日本，若能以此為起點，思索並發聲於「世界哲學史」中，必將對全球哲學史產生重要影響。

「世界哲學史」系列共計九冊，從古至今，俯瞰哲學的發展歷程，透過呈現不同時代的特徵主題，橫向比較同一時代中各種傳統的互動與影響。當中不僅考量哲學各領域之間的重疊與相互影響，也納入科學、宗教、經濟等要素，嘗試以一種動態的知識視角來重構哲學史。我們透過檢視全球範圍內哲學傳統的演變，或許能更清楚地理解自身的文化位置，並從中獲得應對未來挑戰的啟示。

第一冊《哲學的起源：從智慧到愛智》探討了西元前八世紀至西元前二世紀間，人類如何創立並發展出「哲學」這一思想體系。本冊《世界哲學的誕生：建立與開展》則延續這一內容，以善惡與超越為主題，討論西元前一世紀至西元六世紀的哲學發展。以新的視野重新建構人類知性的發展，這便是「世界哲學史」叢書的嘗試。

CHAPTER

one

第一章 哲學的世界化與制度、傳統

納富信留

哲学の世界化と制度・伝統

一、何謂古代

古代的諸哲學

如本系列第一冊所介紹，古代世界的數個地區同時出現了哲學的雛形，這段時期大約從西元前八百年左右延續至前一百年左右。在中國與印度，從其古代文明中誕生了新的思想與宗教，成為啟動儒教與佛教潮流的起點。自美索不達米亞平原至埃及的古代文明，跨越了數千年的社會與文化繁榮，而興起於該區周邊的希臘文明，則因誕生了被稱為哲學與科學的新知識，成為各種發展的基礎。當生活在二十一世紀的我們追溯兩千多年前「古代」的這場戲劇性變化時，無疑是在凝視著人類哲學的源頭。

然而，無論是中國的諸子百家、希臘的初期哲學，還是印度的奧義書、耆那教和佛教，即便出現如此多樣的思想狀態，該時代仍舊停留在各自割據一方和相互競爭的情況，並沒有任何一方展現出壓倒性的優勢，達到建構穩定基礎的階段。從這層意義上看，此時代的各種思想處於所謂的「潛在性」（dynamis），對於這些思想的整理與正式開展，則要等到下一個時期。換言之，這個時代萌芽開花的各種哲學並未以其原本的姿態被後世繼承為今日的世界哲學。這些思考必須在接下來的時代中，即中國的漢代以後、歐洲的羅馬時代，被精煉後才形成後世承繼的傳統。本冊即是要討論這段過程。

古代與古典

此處有一個重要的觀點，即我們應如何定位所謂的「古代」這段期間。其意義並非僅僅是遠古時代——採取這種觀點恐怕只有否定的涵義——而是承載著「古典」這一特別價值與角色的古代。

首先，所謂的「古代」不過是從現代視角來看的一個相對時期，並沒有能夠將那個時代整體統一的客觀事件。世界史中亦經常採用的「古代、中世紀、近代、現代」——有些時候也在「中世紀、近代」之間加入「近世」——這都是以西方文明發展為基礎而打造出來的時代劃分，僅僅是為了歷史敘述的方便，而從現代採取相對性測量時間距離的一種方式。具體而言，西方哲學的「古代」指涉自西元前六世紀初的泰利斯（Thales）起、至西元六世紀前半基督教關閉異教徒學院為止長達一千年的時代。如果考量到這段期間各式各樣在相異背景下發展起來的哲學、思想，便可察覺以「西方古代哲學」統括這段時期的做法有多粗暴。然而，基於希臘語和希臘文化且不依賴基督教的，即「異教的」哲學作為一個整體來處理也是有意義的。因為我們透過理解如此的哲學史區分特徵，首次可以一覽人類學知發展的整體樣貌。

另一方面，在許多時候中國與印度沒有像歐洲的西方哲學史那樣以四個時期明確劃分。這是因為西方哲學以思想的階段性發展圖式來有效地區分。相比之下，中國和印度思想各時代的特徵與變化並不那麼顯著。在中國哲學史和印度哲學史中，常常採用將學派分門別類的解說方式，或是採取王朝斷代的整理方式。雖然這種方法在某種程度上似乎可以對應西方哲學史，但對於「哲學史」的描述和處理方法本身就存在差異（關於中國哲學史的區分，請參見第五章第一節）。即便我們學習的西方哲學史，也是由布魯克（Johann Jakob Brucker）於十八世紀中葉所形塑，並深受黑格爾哲學史的影響。

「古代」（ancient）是以時期劃分的中立性稱謂，而「古典」（classic）一詞則帶有一定的價值觀判斷。古典一詞中承載著遠古時代所形成的優秀文化，並以其為模範加以推崇的意涵。換言之，這個詞不僅是一個時代劃分，還體現了人們共同認定其為值得學習的一流之物，因此才造出「古典」一詞來稱之。在西方，提到「古典時代」便指涉希臘和羅馬文明，而處理該時期的學問則稱為「古典學」，在近代歐洲被視為最高級的、涵養人性的教養。

那麼，究竟是由誰、在什麼時候、以什麼標準與意圖設定了「古典」這個概念？這個問題與近年來各個領域重新省思「正典」（canon）的成立有關。規範「古典」的是各個時代的意識形態與文化狀況，而「正典」則在這些複雜交織的體系中發揮著影響。

在西方哲學中，被稱為古典且保持無可動搖地位的，是西元前四世紀的柏拉圖與亞里斯多德。他們的權威早在羅馬時代便已確立，因此他們的著作至今仍以特別良好的狀態傳承。此外，希臘和羅馬的古典文化不僅限於哲學，還涵蓋文學、歷史、藝術、建築、政治、法律等各個領域，這些都共同形成了西方文明的基礎。

從古代看古代

所謂的「古代」，是由誰來斷定，又是如何被斷定的？對我們而言，雖然希臘人的古典時期算是古代，但他們並不必然是人類歷史上最古老的文明。如果從時間差距來看，希臘文明與埃及或美索不達米亞等先進文明之間的距離，相較於我們與希臘人之間的時代距離，其實更為接近。《吉爾伽美什史詩》（*Epic of Gilgamesh*）的主角——吉爾伽美什，推斷是約西元前二千六百年、烏魯克（Uruk）第一王朝的吉爾伽美什國王。荷馬於西元前八百年左右所詠唱的特洛伊戰爭，大約發生於西元前十三至西元前十二世紀，與《吉爾伽美什史詩》相比，前者更晚出現了一千多年。

在泰利斯哲學活動開始之前的西元前六世紀前半期，位於尼羅河三角洲的塞易斯（Sais）城為首都的埃及第二十六王朝（664-525 BCE）正處於繁榮鼎盛的時代。無論是對於周邊具有壓倒性優勢的希臘古風時期（Archaic Greece, 800-480 BCE），還是對古典時期的人們而言，此處存在著從遠古時代持續保存下來的「古代」文明。對於西元前六世紀至西元前四世紀的哲學發展期的人們來說，以建設金字塔聞名的法老古夫，亦是比他們更早上兩千多年的國王。

此處介紹一個故事。在柏拉圖晚年的對話錄《蒂邁歐篇》（*Timaeus*）與《克里底亞篇》（*Critias*）中，著名的「亞特蘭提斯故事」也提及了埃及。故事中的人物克里底亞斯從祖父克里底亞斯（祖孫同名）得知希臘人梭倫（Solon, 630-560 BCE）曾訴說的希臘往事。這段故事以談古的形式，娓娓道來「古代雅典」打敗入侵的大國亞特蘭提斯的偉大事蹟。而這段傳聞的起源，正是在埃及。

雅典這個城邦過往達成的最偉大且著名的成就，「因為時間已經過去許久，而且那些記錄者也早已逝去，導致紀錄並未留存至今。」（《蒂邁歐篇》，二一D）後世造訪埃及的梭倫，向埃及首都塞易斯的神官們詢問那些豐功偉業。梭倫希望從他們口中了解對方所知的遠古傳說，因此他自己先從流傳於雅典的最古老神話故事開始講述，依循著這樣的敘事脈絡與經過的年數，一邊回憶一邊訴說。此時，一位年長的埃及神官對他說：

梭倫呀梭倫，你們希臘人永遠是孩子。因為沒有年長的希臘人。（柏拉圖，《蒂邁歐篇》二二B）

此處的「年輕」指的是精神上的，即缺乏往昔的教訓，並不具備遠古的學識。儘管人類歷經大火與洪水而遭受大量滅亡，但即便在大地灼熱的情況下，尼羅河畔的埃及仍然獲救，並未因洪水而滅亡，因此保存下了最古老的文化。在埃及，「所有事物都被文字書寫保留下來，並存放在神殿中」（二三A）。然而，雅典及其他地區的文明因漫長歲月中的疫病與災害而滅亡，僅留下不識字且不懂文藝的人們。

結果，你們又從頭開始，像年輕人一樣重生。關於這片土地的事情以及你們那裡的事情，對於往昔的任何事情，你們都沒有任何了解。（同前揭書二三B）

希臘人所相信的漫長歷史，只比兒童故事稍微可信一些。在說完這段話後，埃及的神官才開始對梭倫講述古典雅典的偉業。故事的內容自不待言，正是柏拉圖的創作。

從古代開始談論哲學史

我們感覺古代希臘人已是非常久遠，但當神官提到首都塞易斯建立於八千年前，這個數字對古代希臘人而言則是更加古老的年代。古雅典人在訴說歷史時已自覺到，埃及這片土地上擁有更加古老的「古代」；因此，可以說相較於埃及，古典時期雅典的歷史如同孩童般年輕。這種「古代」的感覺，到了羅馬時代便轉變為羅馬人對古代希臘人的看法。更進一步來說，無論是文藝復興重新發現的「古代」，還是十九世紀德國對理想「古代」的追求，古代文明在各個時代總是不斷以新的姿態甦醒。

此外，當埃及神官形容希臘人為「年輕」時，這也意味著希臘興起的文明常常是嶄新的，定位於新事物即將誕生的階段，這也是柏拉圖的一種自負。在某地誕生的論述被文字記錄下來，傳承至後世，再加上註解，這樣的過程便開啟了一段新的歷史。古代希臘成立的哲學也帶有這種「新」的自覺，古代希臘的人們深入研究「新」的學問，並在人類歷史上隆重登場，留下深遠的影響。

如同中國的尚古思想或佛教的末法思想一般，古代人認為過去的時代才是理想的世界，隨著時代的演進，人類與社會逐漸衰退的觀點在古代希臘中也有所體現（例如海希奧德的《工作與時日》中提到的五個時代的神話）。然而，無論文明的新舊，哲學史總是被視為文明的萌芽來敘述。

哲學史的書寫反映了各個文明的存在方式與人們的歷史意識。十九世紀初，面對西方哲學的日本和中國知識分子們，曾嘗試從古代中國或古代印度中尋找足以匹敵古希臘的「哲學」，因此引發了對諸子百家和早期佛典的關注。在這一過程中，東亞面臨一個困境：必須以西方哲學作為基準，透過這一模型來描述包括自身在內的其他哲學。而古希臘的基準則是「從古說起」，這也促成了對「起源」的追溯，形成了特定的哲學史。

二、哲學與非哲學

理性與宗教

被視為原初的「哲學」究竟是什麼？對於這個問題，我們可以反過來思考：什麼「不是哲學」，透過排除法進行探討。如第一冊第六章所討論的，古希臘發生的變化常以「從詩到哲學」或「從神話（Mythos）到理論（Logos）」來理解。我們無需原封不動地接受這一標籤，而應思考所謂的「變化」，是從某種事物轉換為另一種事物，或者原本不屬於某事物的東西轉變為某事物。透過這種形式所產生的即為變化。在這一過程中，超越否定並關注被排除的一方，傳統上便是「詩」的敘事。人們認為詩中寄寓的「智慧」言說即是神的真理，而對抗這一觀點的則是人類對言語的探究。在這樣的範疇內，「哲學」（philosophia）的成立便是從諸神轉向人類，從神的智慧轉變為對知識的探求，這一形式得以彰顯。

然而，即使人類從神的智慧轉向追求知識，並不意味著神的智慧在哲學中不再起作用；更何況，人類對知識的追求也並非總是一帆風順。例如，巴門尼德（Parmenides）、恩培多克勒（Empedocles）和盧克萊修（Lucretius）的哲學言說皆使用傳統的六步格（hexametros）敘事詩來表達，保留了與諸神相連的話語形式。此外，英國古典學者多茲（E. R. Dodds）在其著作《希臘人與非理性》（*The Greeks and the Irrational*，日語版由岩田靖夫、水野一譯，美篶書房出版，原著於一九五一年出版）中指出，被視為理性化身的希臘哲學和科學實際上充滿了不合理之處。古代希臘所形成的「哲學」絕非線性地發展，而是充滿多元性，在發展多種可能性的同時又在相互對抗中推進。

在從理性觀點談論哲學時，經常會與「宗教」進行對比，但這並不意味著不去討論神或

「超越」（transcendence）的議題。事實上，西元前六世紀的詩人哲學家色諾芬尼（Xenophanes）就對傳統敘事詩中的「諸神」神諭式表達方式提出了嚴厲批評，並朝著理性的一神論邁進。繼承他思想的柏拉圖與亞里斯多德也脫離了擬人化的多神信仰，持續精煉哲學性的神學概念。羅馬的盧克萊修基於伊比鳩魯學派（Epicureanism）的原子論，在其著作《物性論》（*De Rerum Natura*）中批評了過往的神諭式言說，並將其稱為「迷信」（superstitio）的「宗教」。從這一點來看，可以認為哲學在某種程度上代表了站在科學理性精神上，跨越了神話性的世界觀與宗教。然而，隨著柏拉圖的「理型論」（theory of Ideas）、亞里斯多德的「不動之動者」，以及斯多葛學派的「宇宙／理性」等新的神學論述的出現，這些觀念又重新構成了新的神學體系。即便是認為諸神由特殊原子構成並與之保持距離的伊比鳩魯學派，最終也導入了新的教誨，將教祖伊比鳩魯視為神一般的哲學家來崇拜，並過著類似宗教團體的共同生活。

從歷史的角度來看，認為哲學與宗教對立，或者認為哲學是不訴求神明與超越的理性論，都是錯誤的。基督教神學及哲學興起於羅馬時代，並在中世紀繁榮發展，而這套哲學是以特定宗教為基礎，結合希臘哲學而形成的綜合性知識體系。伊斯蘭哲學同樣以《古蘭經》為典範來發展其哲學思想。如果將視野放向東亞，印度的各種哲學皆將世界觀與人生觀融入宗教之中。眾所周知，這些思想實際上是透過僧侶所舉行的儀式而推動的知識。在中國，儒教與道教也經常伴隨著宗教儀式，而這些思想同樣輸入到日本。從古代的諸神信仰到儒佛教的影響，皆以哲學與宗教一體的形式發展。

將科學與哲學視為非宗教、脫離宗教的觀點，其實是近代西方世俗化過程中的一種做法（參考村上陽一郎，《近代科學與聖俗革命》，新曜社）。所謂的「世俗」（secularity），意味著脫離宗教背景的思考、生活與文化。跨越過往思潮，十八世紀的法國啟蒙主義和十九世紀末尼采對基督教的批判，特別是嵌入「上帝已死」標語的近代哲學，並非僅適用於整體西方哲學。重新質疑宗教與哲學的關係，成為世界哲學的主要課題之一。

魔術與詭辯家

科學與理性疊加後，被視為與宗教對立的一種對真理的探究。而將偽科學視為「魔術」並予以排除的態度，則支撐著這種觀點。

「魔術」（magic）的語源來自希臘語的「Magikos」，這一詞又源於波斯語的「祭司」（maguš），用作形容詞。它指的是使用詭術或咒語引發某些效果，並被視為一種可疑的行為，從科學精神的角度來看，這屬於應該被否定的做法。然而，根據勞埃德（Geoffrey Ernest Richard Lloyd, 1933-）的一系列深具說服力的研究指出，古代希臘所謂具「科學性」的醫學者提供的治療，並不必然優於其他民間傳統醫療，如藥草學或神殿醫學。這些醫學者在實際治療上，甚至比遵循樸實理論、執行觀察與診療的希波克拉底（Hippocrates）派醫生更為先進。儘管如此，透過不斷累積的爭論與經驗，古希臘的醫學確實朝著「科學性」的醫學模式邁進，並在羅馬時代透過克勞狄烏斯・蓋倫（Claudius Galenus, ca. 129-216）的引介而建構了西方醫學的基礎。

「哲學」也走過相同的路徑。早期哲學家所提的「始基、本原」（Arche）諸理論，並非源於觀察、實證與論證，而是透過豐富的想像力與積極的理性建構而成。將萬物的基本元素斷定為「水、空氣、無限、數字」等見解，從今天的角度看或許顯得荒唐無稽，但經過去蕪存菁的思考，這些理論在長期的論爭中逐漸精煉，最終形成了今日的西方哲學。

如同「魔術」之於科學的成對概念，在劃定「哲學」時，柏拉圖引用了「詭辯家」（sophist）這一成對概念。「詭辯家」一詞在西元前五世紀前半，仍被視為與「智者」同義的名詞。然而，自從普羅達哥拉斯（Protagoras）將此語作為自身職業的名稱以後，該詞便轉變為指稱那些收取金錢而進行教育的職業教師。在這個時期，「詭辯家」這一名稱尚未確定負面含意，當時的希臘人不僅關注詭辯家們的新式思考，還模仿並讚賞他們充滿衝擊性的刺激言論。

但自西元前三九九年蘇格拉底在雅典遭人告發並被判死刑後，該詞彙的意義便發生了決定性的改變。蘇格拉底的罪狀包括：因「不信仰城邦人所信奉的諸神」而被懷疑對神明不敬，以及在教育上背負「使年輕人墮落」的責任。這兩項罪名皆是籠統地加諸於詭辯家身上的批評。正如柏拉圖在《蘇格拉底的申辯》（*Apology*）一開始為其師澄清嫌疑所作的簡短說明，蘇格拉底並非一位收取金錢的職業教師。然而，自西元前五世紀後半，知識潮流被稱為詭辯家思潮以來，蘇格拉底也正式被歸類為其中一員。

為了對抗對他們老師的持續批評，蘇格拉底的弟子們開始撰寫「蘇格拉底文學」來予以反駁。柏拉圖則採取了將「哲學詭辯家」與其他「詭辯家」截然區分的戰略，藉由批評後者來洗脫前者的惡名。在以《普羅達哥拉斯》（*Protagoras*）與《高爾吉亞》（*Gorgias*）為代表的對話篇中，柏拉圖對兩者有對照性的描寫，以此來區別「哲學」與「非哲學」。他以詭辯家的主要工作——在教育領域中的「辯論術」為批評目標，並陳述哲學的正統方法是「對話術、問答法」，透過明確的對比來否定前者的價值。

得注意的是，今天我們對「哲學家」與「詭辯家」之間不言而喻的區別與對比，幾乎都源自柏拉圖的論證（參考納富信留，《哲學的誕生》，筑摩學藝文庫，補論）。根據保留下來的文獻，蘇格拉底的其他弟子們其實並沒有將他定性為「哲學家」，也未藉此與「詭辯家」形成對立。相反地，如安提西尼（Antisthenes）、阿瑞斯提普斯（Aristippus）、埃斯基涅斯（Aeschines）等人，甚至受到詭辯家的影響而使用辯論術，而後兩者還收取學費，將教育視為職業。此外，與他們生活在同一時代的辯論術教師阿爾西達馬斯（Alkidamas）和伊索克拉底（Isocrates）也都認定自己是「哲學家」。「哲學家」與「詭辯家」的區別，實際上是柏拉圖獨創的對立結構，並未被普遍接受。而柏拉圖對「哲學家」（philosophos）一詞的重視，則與該詞源自的畢達哥拉斯學派有關。在當時，「哲學家」與「詭辯家」的區別並不一定為大眾所接受，這是因為柏拉圖本身的影響力，加上其弟子亞里斯多德根據此區別所建構的哲學體系。在他們的影響下，哲學與辯論術、詭辯等非哲學技巧形成了鮮明對比，確立了探求學知的嚴謹與正統地位。

辯論術的傳統

柏拉圖將「哲學家」與「詭辯家」予以分立對比後，有一個人便背負了這種分裂特性，那就是伊索克拉底。他與柏拉圖生活在同一時期，是在雅典開辦辯論術學校的知名詭辯家兼哲學家（參考廣川洋一，《伊索克拉底的修辭學校》）。雖然他之後傳統上被歸類為辯論術的代表人物，但卻被排除在哲學史之外。

伊索克拉底在理解柏拉圖的「哲學」概念後，便嘗試顛覆該定義。柏拉圖繼承了色諾芬尼與巴門尼德提出的「真理」（alítheia）與「信念」（doxa）的區分，並且相當重視與真理密切相關的「學知」（episteme）。他一方面透過以數學為主的各種學科提出教育計畫，另一方面強調從人類的感覺與信念中提升的「改變靈魂」才是哲學的真正目標。柏拉圖認為，作為知識標的理型（Ideas）是絕對不變的存在，而普遍性則是其特徵。與此相對，伊索克拉底則主張數學等理論性知識在實踐中並不派得上用場，反而強調透過周全思考後的健全判斷（doxa）才是重要的〔見《交換法》（*Antidosis*）〕。他認為追求不變且普遍的法則是不必要的，真正重要的是當下的適宜判斷，而能夠傳授這種哲學的便是辯論術。這與柏拉圖習慣於將時代狀況、個性及偶然性抽離的哲學形式有所不同，伊索克拉底提出了在歷史脈絡中以公共實踐為目標的哲學理念，藉此對抗柏拉圖的觀點。

伊索克拉底的哲學理念在以柏拉圖為主流的西方哲學歷史中，往往成為旁門左道或暗處的陰影。羅馬的西塞羅（Marcus Tullius Cicero, 106-43 BCE）透過自身的「辯論家」理念嘗試統合哲學與辯論術〔《論演說家》（*De Oratore*）〕，但其後的哲學歷史將西塞羅視為缺乏獨創性的折衷主義者，並將其排除至邊緣。文藝復興的人文主義將辯論術復活，義大利的維柯（Giambattista Vico, 1668-1744）與普魯士的赫爾德（Johann Gottfried Herder, 1744-1803）等人則繼承了這一傳統。辯論術這種「非哲學」的傳統，自柏拉圖以來因遭西方哲學排除，最終卻確保了自身的定位，即作為「哲學家的影子」而持續存在。如何重新評價這個影子，亦是現代世界哲學的課題之一（參考納富信留，《誰是詭辯家？》，筑摩學藝文庫）。

對於世界哲學而言，重新審視包括辯論術在內的非哲學傳統，最重要的理由在於狹義的「哲學」理念除了聚焦於西方核心思想外，還有排除其他諸多傳統的傾向（參考第一冊第一章）。為了掌握西方思想之外，並擴展至文學、修辭、歷史、教育、政治等各個領域的哲學，思考並品味西方內部的他者——「辯論術」，具有決定性的意義。

三、學校與學派

書寫與註釋的傳統

古代某個時期誕生的多姿多采哲學，往後傳承超過兩千年。然而，若這些思想未能對後世產生某種影響，便不會被納入哲學的歷史之中。這一點在物理特性上尤為顯著。例如，在古代希臘以莎草紙卷軸書寫的著作，若不經過重新抄寫保存，長期以來將因磨耗與破損而無法閱讀，最終消亡。思想有其流行與衰退，不被閱讀的著作只能被遺忘。相反地，那些不僅被閱讀，還被視為典範並添加註釋的著作，將能夠被更廣泛地閱讀，並形塑出傳統。在西方古代哲學中，柏拉圖與亞里斯多德的著作分別在西元一世紀前後被編纂，並在羅馬時代增添了大量的註釋，這也大概是為什麼這兩位哲學家的著作能夠以壓倒性的規模流傳下來的原因之一。

哲學的著作要獲得傳承並成為後世的研究對象，必須與文獻學（philology）密切合作。在希臘化時代，以埃及的亞歷山卓圖書館為據點，展開了對荷馬等人的文獻批判。當時成立的文獻學，便成為哲學這門學問的基礎。

學校與學派的成立

思想並非僅僅透過書本傳承，古代設立的教育機構如學校（scholē）以及更為鬆散的學派同樣起到了重要的作用。這兩者的形成，可以說是希臘文化史上的一個重要分水嶺，時間大約位於西元前五世紀至西元前四世紀，以蘇格拉底之死為代表。

在雅典，伊索克拉底於西元前三九〇年左右創辦了修辭學校，而柏拉圖則於西元前三八七年左右以阿卡迪米亞（Academy）命名創立了學院。伊索克拉底的修辭學校持續培育學徒達五十年之久。柏拉圖本人也從事了約四十年的教育研究活動，隨後由他的外甥斯珀西波斯（Speusippus, ca. 410-339 BCE）接續這一工作。亞里斯多德曾在柏拉圖學院學習約二十年，結束遊歷各國後回到雅典；西元前三三五年，他在呂刻昂（Lyceum）創辦了學院。接下來，在西元前三世紀中，自薩摩斯島（Samos）來到雅典的伊比鳩魯，則在雅典郊外擁有一座名為「庭園」（kepos）的宅邸，他以此地為基地大力發展伊比鳩魯哲學。這些哲學學校不僅是集中研究哲學和教育的場所，還承擔著將累積下來的共同研究成果與資料傳承給下一世代的重要文化角色。

在沒有特定場所或設施的情況下，仍然有群體在此時期共享思想與活動，並在師徒關係下傳承教誨，這些群體被稱為「學派」。學派大約在同一時期出現。蘇格拉底的學生們成立了昔蘭尼學派（Cyrenaics）、麥加拉學派（Megarian school，或譯墨伽拉學派）、艾里斯學派（School of Elis），以及受到這些學派影響的犬儒學派（Cynicism）與斯多葛學派等，皆為此時期的知名學派。正如第歐根尼・拉爾修（Diogenes Laërtius）在《哲人言行錄》中所記載的，西方古代哲學的系譜由此建立。

這一時期被稱為「分水嶺」，是因為在西元前五世紀，尚未有固定場所實施教育的系統。詭辯家們通常在各地講授，但大多為短期的教學。如果要討論哲學在學校形式下的制度化，以及如何誕生出能夠傳承傳統的學術場域，則需等到西元前四世紀初。

學院教育

柏拉圖創辦學院的契機有兩個。第一個契機是他在設立學院之前，前往南義大利旅行時遇見了畢達哥拉斯學派的群體（參考Bruno Centrone，《畢達哥拉斯學派》，岩波書店）。畢達哥拉斯學派的人們在以塔拉斯（Taras）為中心的地區共同生活，柏拉圖透過這種共同生活方式思索哲學的可行方向。據信，他應該是以這種共同飲食和共同研究的生活方式為藍本，構思了學院的形式。

一個契機就是前文已提及的蘇格拉底的死刑。在城中不拘場所與不特定的人進行哲學對話的蘇格拉底，不僅有時會招致提問對手的憎恨，還曾被捲入事端的人們誤解，加之年輕人缺乏謹慎的盲目模仿行為，導致了許多問題，因此人們給哲學貼上了反社會的標籤。在親歷這些事端的柏拉圖充分認識到在日常生活空間自由發表議論（parrhesia）的危險性，因此特意設立一個限定的哲學空間，使人們能在這個空間內長期自由地發表學術主張與哲學思維，形塑出學院的場域。這種以柏拉圖學院為模範，重視學問自由與自律的理念，自中世紀起便被歐洲的大學所繼承，並一直延續到近現代的大學。

柏拉圖的學院實際上具備何種教育環境和基礎？其中又實施什麼樣的教育？雖然今天我們僅能做出推測（參考廣川洋一，《柏拉圖的學院教育》），但大致可以描述如下：柏拉圖學院不收取學費，入學不受身分或性別的限制，學院中也有女性學員。柏拉圖本人幾乎不講授課程，而是透過共飲共食等共同生活方式，來促進共生的哲學理念。從現代的角度來看，這樣的機構與其說是學校，不如說更像是一個研究單位。

此外，柏拉圖學院的經濟和社會基礎，尚存在許多不明確的地方。十九世紀後半德國古典學者維拉莫維茨—默倫多夫（Ulrich von Wilamowitz-Moellendorff, 1848-1931）提出了「信徒團」（thiasos）的說法。所謂「信徒團」是在雅典獲得公認的宗教結社，能夠獲得法律保障及經濟援助。儘管這個說法廣為流傳，但現今的研究傾向於否定這一假設。然而，即便學院並非信徒團，仍然應該是一個相對自由且自律的組織，並由歷屆學院長領導和經營。雖然學院在歷史上曾經衰退甚至中斷，但從創立至東羅馬帝國皇帝查士丁尼一世（Justinian I, 483-565）於西元五二九年下令關閉異教學校之前，學院依然延續了九百多年，成為許多哲學家研修的場所，並作為西方哲學的象徵而受到後世的讚頌。

學院的重要性

在羅馬時代，除了由皇帝認可的哲學和修辭學學校外，像普洛提諾（Plotinus）這樣的學者也曾在羅馬自行創辦私立學校。從希臘化時期到羅馬時期逐漸形成的「自由學術」理念，成為教育與教養的基礎。在哲學領域，第三任柏拉圖學院院長色諾克拉底（Xenocrates, ca. 395-314 BCE）提出的「邏輯學、自然學、倫理學」三大學科分類，後來被斯多葛學派接受並加以推廣，隨後這一分類又被進一步細分和整理，構建了更為完整的教育體系。這樣一來，哲學在學校的場域中圍繞圖書館和教室等設施，形成了共同討論和研究的制度。在這樣的環境中，特定的思想得以傳承並延續發展。

對於西方哲學而言，希臘與羅馬的學校如同搖籃，孕育了思想的傳承與發展。與此類似，中國與印度的古代甚至後世也存在著相當於西方學校的組織，例如宗教的教團、寺院及教育機構等，在形塑傳統方面肩負了重要的責任。在西方中世紀，基督教修道院則扮演了這一角色。到了十二至十三世紀，歐洲的波隆納（Bologna）與巴黎等地的大學相繼成立，進一步推動了知識與學術的發展。

中國自古代起便有以儒學為中心的教育制度（參考小南一郎，〈中國古代的學與校〉，小南一郎編，《學問的樣貌：另一種中國思想史》，汲古書院）。並在北宋時期成為正式的學習場域。書院的教學方式並非單向授課，而是透過名為「講學」的方式，針對某一主題來推動討論式的教育（參考中島隆博，〈中國的大學〉，收錄於宮本久雄等編，《大學的智識與共享》，教友社）。書院除了具備學術和教育功能外，也承載了一定的政治力量，並且是祭祀神明、進獻供品的場所，這與雅典等地的學院兼具信徒團特徵有相似之處。

哲學的世界化與翻譯

在宗教領域，基督教、伊斯蘭教、佛教等超越單一民族和地域的宗教常被稱為「世界宗教」，以此與其他民族宗教區分。然而，哲學上是否也能區分屬於單一文化與時代的哲學，與那些分布更廣泛、跨越多個時代且具影響力的哲學，仍然是一個疑問。宗教以教義的普遍性來判斷其世界化，但這一標準不適用於哲學，因為哲學基於「普遍性」發展，若僅反映某種特定的世界觀、人生觀或特定人群，便違反了哲學的定義。

然而，從「翻譯」的角度來考察這個問題或許更為妥當。某種思想在特定時代背景下誕生，透過特定語言來表達，並且參考同時代或之前的其他思想。當該思想進入另一個時代，或透過其他語言傳入不同文化圈時，便需要翻譯來處理。在翻譯的過程中，新的創造往往在意義的矛盾或不協調感中產生。翻譯不僅需要創造相對應的哲學術語，當整體學說與思想體系進行翻譯時，哲學不僅得到重新詮釋，原有的版本也可能隨之發生變化。透過翻譯，哲學得以跨越邊界，實現世界化。

翻譯是一種「接納」（reception）的創造性活動，透過這個過程，哲學獲得更多經驗和更豐富的發展。這樣的哲學或許可以被認為具有極強的世界哲學性格。本書所論及的希臘哲學進入拉丁世界並被基督教接受，就是一個典型的例子——其中西塞羅、塞內卡（Seneca）、波愛修斯（Boethius, ca. 480-525）扮演了重要角色。希臘哲學與科學文獻又被翻譯成敘利亞語、阿拉伯語、亞馬尼亞語等；梵語佛典受到漢文翻譯，進而傳入日本；拉丁語被翻譯成近代歐洲各國語言；十九世紀的西方語言被翻譯成日語等等。在這些翻譯的過程中，哲學思考屢次受到重要的刺激，但正是透過翻譯這種創造性的行為，哲學獲得了新的生命，也因此才能夠稱之為世界哲學。

這樣的過程在各個時代與地區不斷發生，從這個意義上來看，今日的哲學仍然在持續世界化，未來也勢必如此。那些至今未曾受到足夠關注的哲學或思潮，透過新的翻譯引入，或許將來也能在世界哲學中發揮重要作用。這些思想的輸入可能會為當地的文化與哲學帶來嶄新的變革，而在緊張與衝突、融合與影響的交互作用下，新的哲學必然會不斷誕生。這正是推進世界哲學的意義所在，也讓我們能夠描繪出一幅完整的世界哲學史。

延伸閱讀

廣川洋一，《柏拉圖的學院教育》（岩波書店，一九八〇年／講談社學術文庫，一九九九年）；廣川洋一，《蘇格拉底的修辭學校：西歐教養的源泉》（岩波書店，一九八四年：講談社學術文庫，二〇〇五年）——為理解古代希臘形成之學問與哲學的基本文獻，是西方世界也未見類似內容的優秀著作。

維爾納·耶格（Werner Jaeger），橫尾壯英等譯，《派地亞（上）》（*Paideia*，曾田長人譯，和泉書館，二〇一八年，後續尚未發行）；亨利-伊雷內·馬魯（H. I. Marrou），《古代教育文化史》（*Histoire de l'éducation dans l'Antiquité*，岩波書店，一九八五年）——二十世紀前半代表性的西方古代文化論、教育論。西方文明自古代希臘承繼了什麼，又誕生出什麼？本書回歸原點重新思考，是一冊概要說明的書籍。

明星聖子、納富信留編，《什麼是文本》（慶應義塾大學出版會，二〇一五年）——透過討論書籍的傳承、校訂問題，從根本上思考我們一路以來承繼的是什麼，閱讀的文本又是什麼。我們需要的是解讀文本的能力。

約翰·薩利（John Sallis），西山達也譯，《關於翻譯》（*On Translation*，月曜社，二〇一三年）——古代哲學與現象學的首席研究者，討論翻譯的哲學性意義。

CHAPTER

two

第二章

傳入羅馬的哲學

近藤智彥

ローマに入った哲学

一、套著羅馬長袍的哲學

何謂羅馬哲學

哲學活動自西元前二世紀開始跨出希臘語圈，其發展重心轉移到地中海世界的霸主——羅馬。如果哲學未曾傳入羅馬，那麼它或許會被侷限在單一地區和語言的框架內。古代羅馬所使用的拉丁語經過淬鍊，成為當時哲學的主要承載語言，並且在此後的一千多年中凌駕於其他語言，成為西方哲學的共通語言。

雖然如此，當時的哲學並非瞬間變得普及。在古代羅馬的相當長一段時間內，哲學依然被視為從希臘傳入的外來學問。此外，除了拉丁語，羅馬也產出了許多以希臘語撰寫的哲學著作，甚至可以說，希臘語的作品才是哲學的核心。羅馬皇帝馬庫斯・奧理略（Marcus Aurelius, 121-180）的《沉思錄》（*Meditations*）即由希臘語寫成，象徵著哲學的希臘特質。

在傳統的哲學史紀錄中，羅馬哲學常常遭到輕視，評價不高。這一現象不僅限於哲學，甚至包括文學在內的整體文化，傳統上羅馬常被視為希臘的翻版。在討論羅馬哲學時，往往會出現以下評價：①侷限於內在，對內心平靜的渴求；②偏重實踐而缺乏理論；③被視為缺乏獨創性的折衷主義。

這些評論並非毫無根據，但也不能說完全正確，實際情況往往更為複雜。幸運的是，近年來人們對羅馬哲學的重新評價持續推進，有一本促進這種研究發展的論文集名為《套著羅馬長袍的哲學》（*Philosophia Togata*，牛津大學出版社，1989；1997）。從這類研究成果中可以看出，羅馬人持續意識到哲學與政治、學問與實踐之間的緊密關係，並努力將希臘傳來的哲學轉化為己所用的痕跡。

二、羅馬哲學起源

哲學家的使節

在討論羅馬哲學的起源時，西塞羅曾提及在南義大利活躍的畢達哥拉斯教義可能已經滲透到羅馬〔《圖斯庫路姆論辯》（*Tusculanae Disputationes*）四，二—五及其他〕。但這一說法，如同西塞羅本人所承認的，只是一種臆測。哲學在羅馬的實質性發展，則是在羅馬勢力擴張的西元前一五五年，由來自雅典的使節團展開。這個使節團由當代最優秀的哲學家所組成，包括學院派的卡爾內阿德斯（Carneades, 214/213-129/128 BCE）、逍遙學派（Peripatetic school）的克里圖勞斯（Critolaus）、斯多葛派的巴比倫的第歐根尼（Diogenes of Babylon）等人。相當有趣的是關於使節團成員——卡爾內阿德斯的軼事。傳說他先做了擁護正義的辯論，隔天又發表了批判正義的演說，帶給眾人衝擊性的感受。他的反正義論應該不是當時辯論的原始內容，不過藉著西塞羅的《論國家》第三卷（以及基於散逸的拉克坦提烏斯（Lactantius）等資料）」流傳至今，今天知名的「卡爾內阿德斯船板」爭論也記載其中。內容是船難後海上只剩兩個人，其中一名較為羸弱的人抓著僅剩的一片船板，在這種狀況下另一個人是否該推下那個人搶走船板呢？如果是心存正義的人大概不會這麼做，但如果不這麼做就無法存活，因此正義是愚蠢的。大致是這樣的爭論。

為何卡爾內阿德斯要提出這樣的議論呢？當時的學院派採取懷疑主義的立場，認為我們無法確實把握任何事物。從這樣的立場出發，他們經常使用的就是將所有事物都從正反兩面加以論證的方法。他們經常使用的辯論技巧，便是對所有的事物進行正反兩面的論證。因此，卡爾內阿德斯的反正義論，也並非為了證明這是真理，而是為了批判傳統的正義論，進而引導人們走向懷疑。

即使如此，這些哲學家雖不吝將這些反道德的主張擺在眾人議論的刀口上，但若有人對他們的言行心懷警戒，應該也不足為奇。西塞羅便曾利用卡爾內阿德斯的反正義論，讓書中人物講出一段諷刺當時羅馬帝國主義的台詞。書中說：「透過占領而繁榮的所有民族，特別是將全世界都收入手中的羅馬人，如果他們是正義的人，如果把搶來的東西都還給他人，那麼他們就必須回到住在小屋裡的貧窮狀態。」這樣的哲學議論，不僅充滿了吸引力，同時也顯示出哲學本身可能伴隨著一定的危險。

烏拉河
窩瓦河
聶伯河
頓河
裡海
科爾基斯
達契亞
博斯普魯斯王國
伊比利亞
阿爾巴尼亞
黑海
多瑙河
色雷斯
亞美尼亞
特拉布宗
拜占庭
（君士坦丁堡）
馬其頓
加拉太
安息帝國
亞述
底格里斯河
卡帕多奇亞
帕加馬
小亞細亞
以哥念
美索不達米亞
奇里乞亞
雅典
安條克
幼發拉底河
帕邁拉
敘利亞
巴比倫
賽普勒斯
克里特
大馬士革
海
凱撒利亞
耶路撒冷
昔蘭尼
亞歷山卓
昔蘭尼加
阿拉伯
孟菲斯
埃及
0
500 km

喀里多尼亞
哈德良長城
希柏尼亞
北海
波羅的海
大西洋
不列塔尼亞
倫蒂尼恩
萊茵河
日耳曼尼亞
比利時高盧
盧泰西亞
高盧
阿基坦高盧
雷蒂亞
諾里庫姆
潘諾尼亞
納博訥高盧
阿奎萊亞
伊利里亞大區
達爾馬提亞
色米姆
土魯斯
塔拉科西班牙
馬西利亞
亞得里亞海
盧西塔尼亞
義大利
科西嘉
羅馬
薩貢托
塔蘭多
拿坡里
加的斯
貝提卡
薩丁尼亞
新迦太基
地
克羅頓
廷吉斯
墨西拿
西西里
茅利塔尼亞
努米底亞
迦太基
敘拉古
塔普蘇斯
中
格拉古兄弟改革（西元前133年）前後的領土
羅馬皇帝圖拉真（在位期間98-117年）時代的領土
羅馬帝國長城（利梅斯線）

古羅馬及其周邊地區

實際上，羅馬政治家老加圖（Marcus Porcius Cato）曾試圖驅逐這些哲學家，但他的目標不只是哲學，還包含希臘的一般文化。雖然他本人曾在希臘求學過，卻強烈反對自己的兒子接觸希臘文化，並警告其危險性。他曾寫信告訴兒子：「希臘人是非常邪惡且難以對付的種族，如果讓預言者來分析，預言者將說：這個種族不僅會毀滅他們所學的學問，甚至連帶給他們學問的黎明也將不放過，必定破壞一切。」（老普林尼，《博物誌》二九・一四）

作為外來學問，羅馬在很長一段時間內仍對希臘哲學保持警惕，然而包括哲學在內的希臘文化逐漸在羅馬扎根。扮演重要角色的是小西庇阿（Scipio Aemilianus），他因與歷史學家波利比烏斯（Polybius）的深厚友情而廣為人知。西塞羅理想化地描繪了圍繞在小西庇阿周圍的學術愛好者們，即所謂的「西庇阿集團」。除了上述《論國家》之外，小西庇阿也在描述雷利烏斯（Gaius Laelius）與小西庇阿友情的作品《論友情》中出現。《論國家》的最末卷〈西庇阿之夢〉於五世紀由馬克羅比烏斯（Macrobius）撰寫註解，這部作品成為古代宇宙論的經典，並在後世持續受到廣泛閱讀。

哲學的扎根

在哲學扎根於羅馬的過程中，另一位更重要的人物是帕奈提烏斯（Panaetius, 185/180-109 BCE），他長期在小西庇阿身邊學習，並在小西庇阿去世後成為古雅典斯多葛學派的校長。西塞羅的《論義務》（*De Officiis*）全部共三卷，直到十九世紀仍然是道德哲學的權威書籍。西塞羅本人記載，該書中的第一卷和第二卷均是根據帕奈提烏斯的著作所寫。雖然我們不清楚帕奈提烏斯是否有意將哲學羅馬化，但他確實將哲學融入了羅馬這片土地。

西塞羅如此描述帕奈提烏斯：「他們（初期的斯多葛學派）避開艱澀與粗野，不推崇嚴苛激烈的說教與繁瑣的論證。一方面採取更穩當的論述，同時又留意簡明易懂的說明，正如他們的著作所顯示，經常提到柏拉圖、亞里斯多德、色諾克拉底、泰奧弗拉斯托斯（Theophrastus）和狄凱阿科斯（Dikaiarchos）的名字。」（《論至善和至惡》四・七九。改寫自永田康昭、兼利琢也、岩崎務的翻譯）

西塞羅關於帕奈提烏斯的「義務」（拉丁語為officium，翻譯自希臘語kathēkon，意指「適切的行為」）的討論，特別集中在如何為有為的年輕人提供在現實社會中生活的指導。其中最著名的論述是，在思考什麼行為對自己而言是「適當」（prepon）時，必須要考慮四種「任務」（prosōpon，希臘語中原本是「面具」之意，拉丁語為persona）的因素。這四種因素分別是：①人類共通理性的本性；②每個人固有的性格；③社經地位等偶然條件賦予自己的任務；④根據個人意志選擇的生活方式（《論義務》一・一〇七—一二一）。這種論述似乎與初期斯多葛派所主張的理想中，普通人幾乎無法達到的嚴格賢者形象有所區別。此外，該論述還從每個人的性格多樣性中尋找積極的倫理意義，這一點相當引人注目。

我們應該關注的，不是這種論述在理論上的缺陷或妥協，而是這種思考認為現實中的每個人都處於不同的狀況，並在此基礎上尋找普遍性原則。這需要在具體情境和普遍原則之間不斷地辯證，這對於倫理學而言是一種不可或缺的洞察力。這種考察現實狀況的思維，雖然可能與殘存資料有些偏差，但在早期的斯多葛學派中也有所體現（參考本叢書第一冊第九章）。此外，必須指出的是，帕奈提烏斯不僅僅提出了實踐性倫理，他對天文學也抱有極大興趣，並且否定了早期斯多葛學派普遍接受的火本原說，對占卜術則持懷疑態度。

帕帕奈提烏斯據說喜愛引用柏拉圖和亞里斯多德的思想，但如果將此視為單純的折衷主義，那麼這種看法未免流於表面。西塞羅在《論義務》（一・一〇一）中，對內心衝動（horme）與理性兩個面向提出的討論，長期以來被認為是帕奈提烏斯引入了柏拉圖和亞里斯多德對靈魂部分的區分。然而，這論述是否真的可以追溯到帕奈提烏斯？這樣的追溯又是否可以被視為對初期斯多葛學派的背叛？在這些問題上的解釋存在分歧。

同樣存在解釋爭議的，是帕奈提烏斯的學生波希多尼（Posidonius, ca. 135-50 BCE），他在羅德島開辦學校。波希多尼是一位學識淵博的學者，涉獵歷史學、地理學、天文學、氣象學、數學等多個領域，並曾與龐培（Pompeius Magnus）和西塞羅等羅馬政治家有過交往。波希多尼因批評早期斯多葛學派的克律西波斯（Chrysippus, ?-208/204 BCE）而聞名，特別是他承認靈魂中存在「非理性的力量」。後來，醫學家蓋倫基於這一說法，認為波希多尼重新導入了柏拉圖的靈魂三部分說（見於《關於希波克拉底的學說》）。然而，這是因為蓋倫視克律西波斯為仇敵，並偏向支持柏拉圖，因而做出的牽強附會的論述。事實上，波希多尼的議論本身就是斯多葛學派內部發展的結果。

儘管如此，從這個時期開始，柏拉圖和亞里斯多德的著作在哲學中的重要性確實逐漸增強。其原因可能是多方面的，但哲學活動從原本以雅典為中心，逐漸擴展到地中海世界的各個地區，這一過程推動了經典文本的確立。這一解釋無疑具有相當的說服力。在古代後期，對柏拉圖與亞里斯多德的解釋逐漸成為哲學研究的核心，並以註解的形式被後世的伊斯蘭哲學和中世紀哲學所繼承，長期以來被視為哲學發展的主要領域之一。然而，這種哲學的發展將留待其他章節（第八章）詳述。接下來，我們將探討從希臘傳入並在羅馬扎根的哲學，以及羅馬人如何進一步培育與發展這一傳統。

三、拉丁語的哲學

盧克萊修

傳入羅馬的哲學不僅限於斯多葛學派。與伊比鳩魯學派相關的重要發現，來自維蘇威火山噴發（西元七十九年）後掩埋在赫庫蘭尼姆（Herculaneum）遺址中的圖書館。自十八世紀中葉以來，考古學家從該圖書館遺跡中發現了大量與伊比鳩魯學派相關的文獻，特別是菲洛得摩斯（Philodēmos, 110/100-40/35 BCE）這位活躍於羅馬的伊比鳩魯學派哲學家的大量作品。這些作品多數已碳化，而今依靠最新的科技仍在進行解讀的工作。此外，菲洛得摩斯的交往圈子據說也包括了著名的羅馬詩人維吉爾（Virgil）與賀拉斯（Horace）等人。

伊比鳩魯學派的興盛背景，與一部以拉丁語寫成、對哲學發展具有劃時代意義的著作密不可分，那就是盧克萊修以韻文形式闡述伊比鳩魯思想的《物性論》（*De Rerum Natura*）。在此之前，推廣伊比鳩魯學派哲學的拉丁語讀物是蓋烏斯・阿馬非紐斯（Gaius Amafinius）的作品，很可惜西塞羅對此人作品只留下了負面的評價。盧克萊修克服了「語言（拉丁語）的貧乏與嶄新事物（伊比鳩魯哲學）」（一・一三六—九）之間的代溝，歷經艱困的挑戰，成功將原本生硬的希臘語韻文轉化為羅馬的六步格（hexametros）韻文。

這部作品的特徵是平易近人，基本上忠實傳達了宗師伊比鳩魯所思考的「闡明自然真理」與「將人們從迷信與對死亡的恐懼中解放出來」的思想。盧克萊修根據的是伊比鳩魯的鉅著《論自然》（*De natura*，目前只剩莎草紙殘篇），其中保存了之前未能承傳下來的伊比鳩魯親筆記述，是非常貴重的資料。然而，我們不能說伊比鳩魯學派甚至羅馬哲學整體的特徵就是盲從於學派，從上述菲洛得摩斯的著作等資料可以看出，當時無論學派內外都有各種激烈的論爭。另外，當初伊比鳩魯學派不重視的演說術、詩論、音樂論等領域也獲得了發展。

關於盧克萊修使用韻文形式，被描述成有如以蜂蜜包裹苦澀藥物讓孩子飲用般，將療癒靈魂的哲學以韻文包裹，讓人們可以輕易接觸（一．九三三—五〇）。伊比鳩魯學派強調哲學的最終目標是求得內心的平靜，因此重視將學說銘記於心。盧克萊修的著作也對日後的拉丁語韻文產生莫大影響。維吉爾與奧維德（Publius Ovidius Naso）的洗鍊文風，如果沒有站在盧克萊修的肩膀上將無法達成如此成就。不過，要說此書對哲學造成大震撼，還得等到更晚的時代。根據一四一七年義大利人文學者波焦．布拉喬利尼（Poggio Bracciolini, 1380-1459）在德國的某修道院找到盧克萊修作品，並委託尼科利（Niccolò de' Niccoli）整理成抄本後，盧克萊修作品受到廣泛閱讀，這讓伊比鳩魯學派哲學給文藝復興、初期近代哲學、科學帶來重大的影響。

西塞羅

在羅馬哲學中，西塞羅無疑占據了最重要的位置。他真正的期望，應該是透過演說的力量來正確引導混亂的國家，並以政治家的身分將一切集大成。對他而言，未能實現這一抱負或許是不幸的，但對我們來說卻是一種幸運，因為他在政治失意的時期專心撰寫了大量哲學作品。尤其是在凱薩實施獨裁後，約西元前四十五至四十四年期間，正值晚年的西塞羅寫下了著名且對奧斯定造成重大影響的《論哲學》（*Hortensius*，已散逸）。此外尚有：圍繞著懷疑主義論爭而論述的《學園派》（*Academici libri*）；可視為倫理學的理論篇與實踐篇之《論善惡之極》

（*De finibus bonorum et malorum*）與《圖斯庫路姆爭辯》（*Tusculance disputations*）；討論屬於自然學各種問題的《論諸神的本性》（*De natura deorum*）、《論占卜》（*De divinatione*）、《論命運》（*De fato*）等，再加上前述的《論義務》，都是在此時期接連完成。他的目標是以拉丁語涵蓋哲學的所有領域。

西塞羅對自己的成果感到自豪。「至今為止，許多受過希臘教育的人們無法將自己所學與一般市民共享，這是因為沒有自信能把從希臘人那裡學來的東西以拉丁語加以說明。關於這一點，我們（羅馬人）已經獲得重大的進步，託詞彙豐富之福，可以說我們已經一點也不輸給希臘人了。」（《論諸神的本性》一．八，改編自山下太郎譯文）從這段話中，我們可以看到他性格中的自負，但就他在這方面的成就來說，確實是值得自豪的。

提到西塞羅在用拉丁語表達哲學時花費的苦心，可以舉例如下：如qualitas（性質，英語的quality）這個詞，就是西塞羅從希臘文「poiotes」直接翻譯過來的造詞。他的許多造詞也保留在近代語言當中，然而這類直譯的詞彙相對來說還算簡單。西塞羅曾說：「許多差勁的譯者常常執著於直譯，即便有更簡單的詞彙可以表達相同內容時也選擇不用，這是不必要的。此外，當遇到無法簡單翻譯的情況時，我會用幾個拉丁語單詞來翻譯一個希臘語單詞。」（《論善惡之極》三．一五，永田康昭、兼利琢也、岩崎務之譯文改編）例如他將希臘文哲學術語「heimarmenee」（命運、宿命）翻譯為拉丁文中的「fatum」（命運，英語的fate）；又如他將希臘文的「ethike」（倫理學）翻譯成「ratio de vita et moribut」（有關生命、性格與習慣的學問），透過多個詞彙的組合來傳達原義。有趣的是，由於哲學（philosophia）這個詞彙已經在拉丁文中廣為人知，因此就他保留了希臘文原文（《學園派（第二版）》一．二四）。西塞羅將哲學拉丁文化的特徵，就體現在這些臨機應變的工夫上。

西塞羅師從學院派的校長費隆（Philo of Larissa, 159/8-84/3）。大約在西元前八十九年，費隆為逃避政治混亂而從雅典前往羅馬，因此西塞羅基本上遵循穩健的懷疑主義立場。他在晚年的許多哲學著作中，以批評的手法介紹伊比鳩魯、斯多葛等學說，卻沒有主張任何特定學說的絕對真理，而是根據不同場合選擇他認為最具說服力的學說。正因如此，從負面角度來看西塞羅確實給人一種折衷主義的印象。十九世紀德國的歷史學家特奧多爾．蒙森（Theodor Mommsen）曾比較西塞羅與凱薩，並嚴厲批判西塞羅是機會主義者（蒙森，《羅馬史》），此一批評或許與傳統對西塞羅的評價若合符節。

例如西塞羅在《論善惡之極》這部著作中，以批評角度檢討各學派的倫理學說。最後他提出了一個自古以來的大哉問：「幸福是否只需要德行便足夠？」面對這個問題，立足於嚴密斯多葛學派立場、亦為西塞羅的老師之一的阿什凱隆的安條（Antiochus of Ascalon, ca. 130-68 BCE），回答「足夠」。然而，西塞羅則主張具備德行雖足以讓人擁有「幸福的生活」，但對「至高無上的幸福生活」卻是不足的。即便他承認只要有德行必能獲得幸福，但他同時指出，受拷問之苦的人與獲得榮譽的人在幸福的尺度上仍有程度差異。在這場爭論中，西塞羅認為斯多葛派的學說的優點是具備首尾一貫性，但他也認為安提阿古斯（Antiochos）的學說更符合日常生活的直觀性，因此西塞羅在開放式的論證中結束了這部作品。

唯有這種開放式的論述方式才能避免依賴權威，讓人們根據自己的自由判斷來加以思考，這才符合哲學的本質。他更進一步主張，若要成為能正確引領國家的「有學識的演說家」，對他來說，撰寫能吸引年輕人投身哲學的著作，本質上就是對羅馬的一種「政治活動」。他的行動，實際上是在為自蘇格拉底以來處於緊張關係的政治與哲學、哲學與演說，嘗試架設一座溝通的橋梁。西塞羅的未竟之夢，日後經過文藝復興的人文主義一直延續到今日，並且依然是此類嘗試的重要參考軸心。

四、作為生存手法的哲學

在實用與學問之間

出生於尼祿皇帝時代的塞內卡曾感嘆，在奧古斯都稱帝數十年後，包括學院派在內的眾多學派都因缺乏後繼者而消失（《自然研究》，茂手木元藏譯，東海大學出版社，七·三二·一—二）。然而哲學的發展並沒有衰弱，特別是從西元一世紀至三世紀在所謂「第二次詭辯家思潮」

下，仍有許多從事哲學的活躍文人。如金嘴狄翁（Dio Chrysostom）、阿留斯・艾瑞斯提（Aelius Aristides）、琉善（Lucian）、斐洛斯脫拉德（Philostratus）等人，皆於各種領域中留下文學作品。以《希臘羅馬名人傳》（*Parallel Lives*）聞名的普魯塔克（Plutarch）與以《金驢記》（*Metamorphoses*）聞名的阿普列尤斯（Lucius Apuleius），這兩位與死後影響力超過千年、被歐洲與伊斯蘭世界視為最重要醫學權威的蓋倫屬於同時代，而且他們也留下了大量的哲學著作。

不過，成為羅馬哲學代名詞的應該還是塞內卡、愛比克泰德（Epictetus, ca. 55-135）、馬庫斯・奧理略等三位斯多葛學派的哲學家。塞內卡曾擔任尼祿皇帝的老師，與政治有密切的關聯，除了創作大量悲劇作品之外，他還撰寫許多關於倫理學的論文，如《自然論集》（*Naturales quaestiones*）、《倫理書信集》（*Epistles*）等作品。塞內卡的拉丁語作品自古以來引發爭議，曾遭到昆體良（Marcus Fabius Quintilianus）的批評，但塞內卡從中世紀到近代依然擁有極大的影響力。愛比克泰德是獲解放的奴隸，也是三人中唯一的職業哲學家。他沒有留下任何著作，但其思想由弟子阿里安編錄成《師門述聞》（*Enchiridion*，共八卷，現存四卷）與五十三篇斷章的《提要》，這些作品在後世廣為流傳。至於羅馬皇帝馬庫斯・奧理略的《沉思錄》在日本透過神谷美惠子的譯本，一直深獲大量讀者的喜愛。在他的治世之下，哲學獲得充分支持，並在古雅典設置了柏拉圖學派、逍遙學派、斯多葛學派、伊比鳩魯學派等四個學派的教授職位（西元一七六年）。

羅馬哲學的特徵往往被說成偏重實踐而欠缺理論，這從他們的話語中可以見到證據。愛比克泰德說：「如果你對理論有興趣，那麼只要坐著，自己深思熟慮即可。但你絕對不能說自己是個哲學家，也不許別人如此稱呼你。」（三・二一・二三，改編自鹿野治助譯文）他更說：「除了官職與財富的慾望，平靜、閒暇、旅行與學識等慾望都會使人變得粗俗且受制於物」（四・四・一，改編自鹿野治助譯文）。此外，他表示無論處於什麼狀況都該實踐適合當下的生存方法。塞內卡也相同，他列舉「教室中（冒牌）的哲學家」與「古風的真正哲學家」做對比（《論生命之短暫》（*De Brevitate Vitae*），一〇・一，大西英文譯），並表示「智慧帶來的並非言語，而是實際的行動」（《倫理書信集》八八・三二，大芝芳弘譯），以陳述純粹的博學並無真正益處。

哲學和思想不僅僅是學習的對象，更應該是「生活」的一部分。這一觀點在古今中外均可見到，但在西方，這種思維模式的典範源自羅馬的斯多葛派。法國哲學史家皮耶・華篤（Pierre Hadot, 1922-2010）認為這是「精神修養」的傳統，他的學說也影響了米歇爾・傅柯（Michel Foucaul, 1926-1984）。他們的實踐性哲學也被納入基督教思想，至今仍為許多讀者的人生指針。過往經常被閱讀的教養書籍——卡爾・希爾蒂（Carl Hilty, 1833-1909）的《幸福論》（*Happiness*）中，收錄了愛比克泰德的《提要》全翻譯版本。日本的佛教思想家清澤滿之（一八六三—一九〇三）也因高度評價愛比克泰德而聞名。

雖然如此，對於這些羅馬哲學家聽來似乎強調重實踐輕理論的說法，最好不要就這麼囫圇吞棗地接受。實際上，就算是愛比克泰德也認為無法立即將實踐與理論結合，故在教育課程中加入了邏輯學。愛比克泰德在向老師莫索尼烏斯．魯弗斯（Musonius Rufus）學習邏輯學時，曾發生過犯錯受責的軼事。當時，愛比克泰德在面對批評時辯解道：「邏輯上的錯誤總不至於像弒父或焚燒卡比托利歐神殿神殿（Capitolium）那麼嚴重吧？」而他的老師則怒斥道：「你犯了一個在這種情況下唯一可能犯的錯誤，所以你的過失與那些罪行是等同的。」（《語錄》（*Discourses*）一．七．三〇—三三）這幾位羅馬的斯多葛派哲學家確實強調實踐的重要性，但並不因此拒絕理論或學問。他們都認同為了過上美好的生活，理論仍然是必須掌握的必要工具。

此外，對偏重理論的哲學予以批判，也顯示了當時理論哲學的盛行。同一時期還出現整理自古以來各哲學家與學派學說的「學說誌」，留存至今的例如有斯托拜烏斯（Stobaeus）的（西元五世紀）《希臘文選》（*Eclogues*）等書，這些書籍保存了安提阿的埃提烏斯（Aëtius of Antioch，西元一世紀至二世紀前半）、艾里斯．迪迪姆斯（Arius Didymus，西元一世紀至三世紀）的學說誌，還有第歐根尼．拉爾修（西元三世紀前半）撰寫的哲學家列傳等。這些作品皆保存了羅馬時期學者們的研究成果。

內心的寧靜與「折衷」的諸形式

羅馬哲學對內心的寧靜寄予莫大的關心，確實不容忽視。伊比鳩魯學派將「心神安寧」

（Ataraxia）視為理想狀態，斯多葛學派則追求「免於激情」（apatheia），即便是抱持徹底懷疑主義的皮浪學派（Pyrrhonism），也認為透過保留判斷可以達到內心不動搖的境界。關於斯多葛學派，由帕奈提烏斯導入之德謨克利特（Democritus）的「開朗豁達」（euthymia）概念，被塞內卡譯為「內心的平靜」〔《論內心的平靜》（*De Tranquillitate Animi*）〕。此外，塞內卡在《論憤怒》（*De Ira*）中批判主張適度情感的逍遙學派，並主張將憤怒的情緒徹底排除。

日後笛卡兒讀了塞內卡的《論幸福的生活》（*De Vita Beata*），並融合斯多葛學派、伊比鳩魯學派及亞里斯多德的思想，試圖找出幸福的概念。這一概念被他表述為「精神的完全滿足與內心的充實」〔出自〈笛卡兒與伊莉莎白公主的往復書簡〉（*The Correspondence between Princess Elisabeth*），一六四五年八月四日、八月十八日〕。在這部作品中，塞內卡確實表示：「即便我的斯多葛學派朋友們不服，我仍要說——這是我個人的看法——伊比鳩魯的教導是崇高且正確的，若仔細觀察，甚至可以說它是嚴格的。」（一・三・一，改編自大西英文譯文）然而塞內卡最終否定了伊比鳩魯的享樂主義，他謹慎地寫下：「快樂最多只是一種附隨於至善德行的結果。」（一五・二）

塞內卡在《倫理書信集》中也屢屢把伊比鳩魯的話語當作「公眾之物」來引用，根據他的說明「那些逃至他身旁的人，邪惡的期待獲得了矯正，他們努力思考如何隱藏自己的惡行，並證明自己無論前往何方都必須過著正直而光榮的生活。」（第二十一，高橋宏幸譯）又例如第九十七號書信，塞內卡首先善意引用伊比鳩魯「犯下惡行的人無法免於被發覺的恐懼，因此不法之人無法獲得幸福。」然而，他也對此教誨提出批評：如果遇到「卡爾內阿德斯船板」（Plank of Carneades）這種絕對不會被揭發的情況，人們可能會無意識地持續進行不法的行為。塞內卡一直關注這個問題，主張應超越伊比鳩魯論證的缺陷，因為人們內心深處有抵避犯罪的本能。因此，即使出現他人無法察覺的不法行為，當事人仍會因「罪惡感」（之後用來表示「良心」的 conscientia 一詞）而無法逃避恐懼。

類似這樣一方面參考伊比鳩魯學派哲思一方面將論說導入自己思想範疇的手法，也可見於馬庫斯・奧里略的《沉思錄》。他數度提出「天理或原子」這個選言（disjunction），亦即無論這個世界是斯多葛學派主張的由天理所統御，或者伊比鳩魯學派主張的是由原子運動所構成，我們都不該對生存一事懷抱不滿，也不該對世界有所執著，死亡則是不足為懼的。奧里略力陳此種哲思方為正確。

他曾說過一段令人印深刻的話語：「馬其頓的亞歷山大三世（亞歷山大大帝）與其馬夫一樣終難免一死，亦即二人同樣恢復為宇宙中的『道種』（Logos spermatikos），或者同樣分散至原子之中。」（六・二四、改編自神谷美惠子譯文）後世經常將此段解釋成他厭世世界觀的表現。然而，我們也必須注意他最終採用的是斯多葛學派的天理世界觀。例如，以下的這一節中最後一句話需要被格外注重：「宇宙或者是一種混亂、一種諸多事物的相互糾纏與分散；或者是統

一、秩序與天理？如果前者為真，為何我願意留在某種各事物偶然結合的這種無序中？為何我除了關心自我最終將如何『化為塵土』外還關心其他事物？為何我要拿不管我做了什麼最終我的原子皆終將分解來煩擾自己？如果後者為真，我將崇拜、堅定地信任那位主宰。」（六．一〇，改編自神谷美惠子譯文）

作為實踐自由的哲學

伊比鳩魯學說的核心便是區別「取決於自身之物」與「非取決於自身之物」。財產、名聲、權力等當然屬於「非取決於我們之物」，甚至自己的身體健康也無法完全取決於自己的意志。該學說陳述：只要將慾望投向這些事物，我們就無法獲得真正的自由。與此相對，我們的「意志」（proairesis）則屬「取決於自身之物」，如果能夠正確驅動，那麼我們將可獲得真正的自由。

此種自由一見似乎僅是強迫做自我忍耐，但其實並非如此。伊比鳩魯論述之一便是在區別「取決於自身物」與否後，面對自己的處境堅毅果斷地完成自己該做的本分。他與信奉斯多葛學派的元老院議員赫爾維狄烏斯．普利斯庫斯（Helvidius Priscus）曾留下一段軼事。羅馬皇帝維斯帕先（Vespasianus）因判斷赫爾維狄烏斯將發表批判性的發言，命令他不准出席議會，但赫爾維狄烏斯拒絕了這道命令。

「是否罷去我元老院議員職務取決於您。但，只要我還是元老院的議員，我就會出席議會。」

「可以。但即便你出席也要保持沉默。」

「那麼，請您不要詢問我的意見。那我便保持沉默。」

「但我必須諮詢你的意見。」

「那我就必須說出我認為是正確的事情。」

「但只要你說了，我大概就必須殺了你。」

「我何時向您說過我是不死之身了？您做您必須做的事情，我也會善盡我的職責。您要做的是殺了我，我要做的則是不怕赴死。你做的事將會被羅馬驅逐，我做的事就是無憾地離開人世。」

（《語錄》一・二・一九—二一，改編自鹿野治助譯文）

赫爾維狄烏斯的岳父特拉塞亞・帕埃圖斯（Thrasea Paetus）過去也是遭皇帝尼祿問罪而自殺的一號人物。斯多葛學派以其對正當理由自殺的認可而聞名，尤其以塞內卡對自殺的肯定性討論最為突出。實際上塞內卡最終也因皇帝尼祿之命而自殺，踏上與特拉塞亞同樣的路途。饒富深意的是——如果史學家的紀錄無誤——他企圖把自己的為哲學赴死表演成與柏拉圖《斐多篇》（*Phaedo*）中描述之蘇格拉底之死相仿。塞內卡因世人銘感於他的死亡而給後世提供了繪畫的題材，但從另一個角度也可說這是一種賣弄。傳說塞內卡累積了與哲學家身分不相稱的巨量財富，自古以來就被批評為偽善者。

塞內卡批評那些主張必須等待自然決定的死期而不認同自殺的哲學家，認為他們「封閉了自由之道」（《倫理書信集》七〇・一四，高橋宏幸譯）。此處的自由不僅指從容赴死的自由，更有選擇自身要在何種狀況下死亡的積極性自由之意義。或許這種有如稱頌自殺般的論述會給人們帶來違和感，但這並非美化死亡，而是表達人無論處於何種極限狀態下都可以行使「自由」，因此在尋常的狀況下應能採許更多不同的行動，鼓勵著我們必須奮起而行。

因此，這些哲學家所論述的自由，始終是針對現世的生存而言。一種旨在根本上對抗現世秩序，並試圖在超越此世的地方尋求真自由的思想潮流開始出現並逐漸壯大。古希臘以來的哲學傳統之中有新柏拉圖主義，另外一個無需多加解釋的便是基督教，此二者都符合這種思潮。不過，羅馬的哲學精神同樣被這些新思潮採納，或是在跨越時間長廊後重新復甦，至今仍然保持著其生命力。

延伸閱讀

坂口文，《以人編織的思想史II：從高爾吉亞篇到西塞羅》（Pneuma舍，二〇一三年）——透過作者獨特的觀點，討論西塞羅嘗試連結哲學、辯論、理論與實踐的意義。討論中也將西塞羅學園派懷疑主義的哲學立場納入考量。

斯蒂芬·格林布拉特（Stephen Greenblatt），河野純治譯，《一四一七年，這一本書改變了一切》（*The Swerve: How the World Became Modern*，柏書房，二〇一二年）——說明重新發現盧克萊修抄本的經過以及之後給哲學與科學帶來的衝擊。以有趣的筆觸講述故事。

國方榮二，《希臘、羅馬斯多葛學派的哲學家們：塞內加、愛比克泰德、馬庫斯·奧理略》（中央公論新社，二〇一九年）——想要深入理解羅馬的哲學，就必須知悉當時的政治與社會背景。本書以斯多葛學派（特別是羅馬的斯多葛學派）為例，詳細闡述當時的時代背景，並以此定位他們的哲學思想。

荻野弘之，《馬庫斯·奧理略的「沉思錄」：精神的堡壘》（岩波書店，二〇〇九年）——以馬庫斯·奧理略為核心描繪羅馬斯多葛學派的諸般「生存哲學」。另外也詳細說明了包括日本在內的後世人們如何接受馬庫斯·奧理略的思想。

小池登、佐藤昇、木原志乃編輯，《《希臘羅馬英豪列傳》的挑戰——追尋新的普魯塔克像》（京都大學學術出版會，二〇一九年）——本章無暇詳述此主題。普魯塔克是一位在希臘與羅馬文化交織中創作出大量作品的極具魅力的文人，對後世產生了深遠而不可估量的影響。本論文集從多角度介紹普魯塔克的哲學思想及其作品，旨在幫助讀者深入理解這位卓越的文人。

CHAPTER

three

第三章

基督教的成立

戶田聰

キリスト教の成立

一、哲學史中的古代基督教？

前言——基督教是否為哲學

在「世界哲學史」中將「基督教」這個宗教作為獨立章節來處理，或許會讓讀者感到違和。如果有讀者認為宗教與哲學不能直接等同，那也不足為奇。同時，特別是在歐洲文化圈，或者在其他文化圈中，若認為基督教在思想上擔負著重要角色，則也有不少讀者認為這樣的處理是合適的。如果筆者被問及這個問題，可能會贊成前者的觀點。畢竟，哲學起源於古代希臘，強調避免引證神或超人，以格物窮理為目標的知識活動（自然哲學），因此從這一點來看，哲學與宗教之間應劃上一條界線。

本章將探討所謂的古代基督教歷史，筆者認為這段歷史也一直在哲學與宗教之間受到質疑。為何要如此陳述？本章的任務正是為讀者提供一些說明。

被視為起點的耶穌基督：最早期的基督教與哲學

關於基督教的言說以耶穌基督（Jesus Christ, ca. 6/4 BCE-30/33）為起始。儘管將使徒保羅（Paul the Apostle, ca. 5-64/65）視為基督教的創始者也有其道理，但保羅仍然認為自己是使徒，並以耶穌基督的教導作為佐證來強調自己的使徒身分。

耶穌經常在貼近日常生活的各種面向進行宣教，並以簡潔有力的方式陳述神的偉大。例如（以下引用自中文合和本聖經）：

所以我告訴你們，不要為生命憂慮吃什麼，喝什麼；為身體憂慮穿什麼。生命不勝於飲食嗎？身體不勝於衣裳嗎？你們看那天上的飛鳥，也不種，也不收，也不積蓄在倉裡，你們的天父尚且養活他。（《馬太福音》，六，二五—二六）

這可說是耶穌教誨中最有名的例子之一。然而，耶穌本身並非哲學家，他的教誨也不是哲學。基本上，他大概完全無法使用希臘語來讀或寫，耶穌所使用的主要語言應該是亞蘭語（Aramaic），或許他也能使用希伯來語（Hebrew），但我們全然看不到他使用其他語言的痕跡。

或許讀者會覺得突然提起語言有些唐突，但哲學——或者更普遍的一般學問，與語言有著緊密的關係，這應該是不言自明的。換言之，學問的基礎最終在於正確的區別和辨別，而這需要相應的精緻語言來達成。談到古代擁有此等精緻度的語言，希臘文無疑具有壓倒性的優勢。除此之外，在希臘文的陰影下，拉丁語也發展出自身的智慧，並似乎能承擔起哲學活動。至於在耶穌時代，亞蘭語是否能承擔哲學，這仍然充滿疑問。實際上，亞蘭語的方言之一——敘利亞語，歷經數世紀後才將希臘文學識和文獻翻譯成敘利亞語，並因此被認為終於成為能承擔學問的語言。雖然同屬閃語族的希伯來語也產生了優秀的宗教文學，但根據上述定義，古代時期的希伯來語並未顯示出曾經擔負哲學學識的跡象。

無論是耶穌還是他直傳的弟子們，以他們為核心的早期基督教徒們——即那些信仰在西元三十年左右被視為假信徒而釘死於十字架上，並根據基督教教義在三天後復活的耶穌〔希伯來語的彌賽亞（Messiah），希臘文譯為受膏者，亦即救世主〕的人們——他們關心的並非格物窮理的哲學，而是療癒與救贖。

不過，在這裡必須迅速寫下本章的一個相當重要的但書。所謂構成《新約聖經》的各種文書，特別是記錄耶穌言行的《福音書》，基本上都是用希臘文撰寫的。此處不討論福音書的形成，尤其是所謂「對觀福音」（Synoptic Gospels，又稱共觀福音、同觀福音、符類福音，指幾乎以相同觀點描寫耶穌生涯的三部福音書，即馬太福音、馬可福音和路加福音之間的先後關係問題）的問題。然而，這些最古老的福音書，同時也是其他諸教義基礎的文本，皆在耶穌基督死亡和復活後的極短時間內以希臘文寫成，這一點無可置疑。換言之，基督教的傳承在此階段已顯示出語言的轉變，而這種語言的轉變原因與意義，至今仍無定論。

雖然如此，這些以希臘文撰寫的活動並不意味著基督教教義可立即與哲學產生聯繫。例如二十世紀最偉大的教父學（patristics）學者之一的傑克・丹尼爾（Jack Daniel, 1905-1974）指出，最早期的基督教（他稱之為猶太式基督教）最具特色的思考形式便是末世論與天使論。無論是關於世界末日的言說——如末世論的主旨與從宗教立場預告未來的預言密不可分，或是關於以神靈形式存在的天使的言說，這些都難以視為構成哲學的討論。

日後成為爭議問題的善惡二元論雖在此時已然可見〔例如《十二使徒遺訓》（*Didache*）〕，但仍屬於與宗教性救贖相關的從善去惡的範疇，並勸說道德行為。

二、「基督教的希臘化」——諾斯底主義與護教士

諾斯底主義與正統派

這樣的情況在二世紀發生了變化。由於時代的先後難以確認，這裡將分兩部分來說明。首先，統稱為諾斯底主義（Gnosticism）的思潮在二世紀達到了巔峰。諾斯底主義無疑受到希臘思想的影響，但其起源卻存在無限爭議，此處不作深入探討。強調知識（Gnosis在希臘文中意味著「真知」或「靈知」）的重要性構成了諾斯底主義的基調，並且與善惡二元論密切相關。其內容也表現出靈肉二元論，認為靈是善，肉體或物質則是惡。在這一思想下，對造物主的評價往往不高，對舊約聖經中的創造天地之神也給予很低的評價。諾斯底主義認為耶穌基督的肉體（即屬於物質性）受難，是為了讓凡人更易接受教義，這種看法具有展演性質，並且往往與所謂的幻影說（Docetism）相符。由這些不同宗派的特徵（當然還可以列舉其它特徵）聚集而成的諾斯底主

義——過去的諾斯底主義包含各種各樣的派別——與馬吉安派（Marcion of Sinope）有相似之處，後者常被認為是對舊約聖經（特別是創世紀神話故事）的諧擬，而且在許多特徵上類似於諾斯底主義。這些不同方向的思想相互加乘，可能導致棄舊約聖經而去的情況發生。

基督教的正統派——在二世紀是否適合使用「正統派」這個詞彙仍有爭議，但為了說明上的方便，此處將其使用——是排斥諾斯底主義的。排斥的理由各式各樣，例如，諾斯底主義傳說復活後的耶穌向弟子們傳授了特別的教誨，還有傳聞耶穌對所謂的背叛者猶大傳授了特別的教義（如《猶大福音》所述）。此外，諾斯底主義也認為與耶穌基督相關的福音書傳承（或簡而言之，福音傳承）是不純淨的。這些對正統派信仰的否定性評價，無疑對其排斥的過程起到了作用。

此外，諾斯底主義對舊約聖經持批判和反對的立場，這一點無法被正統派接受。基督教之所以稱為基督教，正是因為他們主張只有耶穌才是基督（彌賽亞），而這一主張的根據在於舊約聖經中的各種預言都集中於耶穌基督身上並得以實現，這是他們對聖經（舊約聖經）的解釋。因此，對於諾斯底主義所提出的對舊約聖經的諷刺甚至捨棄的立場，正統派絕無法接受。此外，在二世紀時，基督教的經典僅限於舊約聖經——基督教始於猶太教的一個分支，因此以舊約為經典也理所當然——當時尚未出現將各種文書集結而成的新約聖經，故對基督教而言，根本不可能有捨棄舊約聖經的選擇。

至於新約聖經的成立，根據學者坎彭豪新（Hans von Campenhausen）的說明如下：上述的馬吉安派在捨棄舊約聖經後，開始編輯屬於自己門派的經典，形成馬吉安派自身的新約聖經（亦稱為《馬吉安聖經》），這是編纂新約聖經的最初嘗試。基督教的正統派在排斥馬吉安派作為異端的同時，出於對抗的需要以及自身的需求，最終形成了流傳至今的新約聖經。筆者認為，這一說法是關於新約聖經成立最具說服力的學說，特此補充。

護教士與「基督教的希臘化」

另一方面——希望讀者回想起本節最初提及的「話分兩頭」部分——在西元二世紀這段期間，出現了一群人，他們表現出希望向周遭社會解釋並更正確地擁護基督教的意圖。最初承擔這一責任的是二世紀中葉或更早就開始行動的護教士（又稱護教士教父，Apologist），其中的代表人物是游斯丁（Justin Martyr, 100-165）。在游斯丁的例子中，有明確的證據顯示，他在成為基督教徒之前曾作為哲學家遊學於各種學派。而在成為基督教徒後，他對之前的學習經歷並不感到後悔。這意味著，對於護教士而言，沉浸於希臘思想與成為基督教徒之間並不必然相互矛盾。

游斯丁之後的護教士中，也有如同其弟子他提安（Tatian，二世紀人物）這樣貶低希臘文化的人。然而，這類人物有一個共通點，那就是他們都能以（大體上）流利的希臘文寫作。在這一點上，他們可以與之前的一些人區分開來，例如比護教士教父早一個世代的使徒教父。換句話說，如果用籠統的說法來表達，就是：護教士教父將希臘文化大舉引入基督教。護教士們在擁護基督教時，所設定的主要爭論對手是當世的知識分子，也就是那些精通希臘文化的人，因此這一點是無可避免的。在基督教史的研究中，也有人質疑在這種情況下，基督教自身似乎逐漸出現了質變。在討論這一質變時，提出的關鍵詞便是本節標題上的「基督教的希臘化」。

關於「基督教的希臘化」，被評價為古代基督教研究史上最重要的大人物，哈納克（Adolf von Harnack, 1851-1930）提出如下定義——雖然最初將此論述定型化的並不是他——此處舉最常被引用的一段（《教義史讀本》第一卷，頁二四九—二五〇）：

〔諾斯底主義與羅馬天主教之間〕本質上最大的差異存在於下述這點。亦即，諾斯底主義的構成內容以基督教的急速世俗化乃至希臘化（伴隨拒絕舊約聖經）來展現，與此相對天主教體系則以漸進方式展現世俗化乃至希臘化（伴隨保持舊約聖經）。

哈納克定義的前半部，也就是僅關於諾斯底主義的部分常被引用，不過此定義中也明確說明天主教方面亦可見到希臘化的進程，此一對雙方皆予以希臘化的認定頗為合適。換言之，無論是急速或漸進，基督教整體都達成了「希臘化」。

「希臘化」等於「知識化」

那麼，「基督教的希臘化」最終意味著什麼呢？在這裡需要先說明，這指的是基督教（的教義），或直接說是聖經的「學問化」。這一層意義可以從以下幾個方面來理解。也就是說，從這一時期起，基督教中的神學論爭逐漸活躍，特別是圍繞所謂的三位一體論展開了非常精細且可稱為哲學性的討論（這些討論的詳細內容請參見本書第九章）。在這些討論中，根據的主要是聖經（當然是指舊約）的內容。換句話說，聖經的內容被視為學術討論的用語集或命題集來使用。顯然，這種處理方式與將聖經當作宗教性文獻的傳統方法大相逕庭，但事實上，不得不說事情就是這樣發展的。

若要從這個過程中展示一例，可以活動於三世紀前半的基督教作家奧利振（Origen, ca. 185-254）的著作《論基要教理》（*de Principiis*）為例，其中對神有如下的論述（小高毅譯，頁五六—五七，中括號內為希臘文）：

> （前略）神不是什麼物體，也非存在物體之內。神乃純粹的知性存在，必須將祂想成不容許為祂添加任何要素的駕馭者。……神盡歸一〔monas〕，即所謂的單一性〔henas〕，祂是精神、全知的存在，亦即精神的原始泉源。（中略）我們無法想像身為萬物起始的神會是一種複合體。（後略）

如何接受這段可以稱之為哲學的論述，就留給讀者自行判斷。不過，我們可以清楚地看到，這一論述與開頭引用的耶穌基督的教誨大相逕庭。然而，這裡也必須強調，奧利振不僅具備深厚的學識，同時也是一位非常虔誠的基督教徒。他從未想過自己對知識的鑽研會與自己的信仰相悖。此外，許多採取這種論調的基督教作家認為，應該將神描述為本質上超驗的存在——換句話說，就是無法用語言來表達的存在。在討論神時，他們大都使用帶有「非－」意思的詞彙〔在希臘文中，否定的接頭辭以 α（alpha）的形式出現〕。

三、基督教教義的歷史——小史

三位一體論及其相關論爭的緣由

行文至此，簡要回顧一下基督教的教義，特別是三位一體論，應該是有其意義的。三位一體的起源，與其說是崇敬作為父親的聖父、作為兒子的聖子和聖靈的教義，不如說是源自一種信仰的心性。從下述話語中可以看出，這一點自最初期便已可見。

> 願主耶穌基督的恩惠、〔作為父的〕神的慈愛、聖靈的感動、常與你們眾人同在。（《哥林多後書》，一三．一三。中括號內的文字為戶田所增補）

另一方面，既然耶穌基督明確是一位人，那麼是否應該將耶穌視為同時是神與人的同一存在呢？此外，作為父的神與孩子基督之間的關係又該如何理解？可以說，這些問題都是當時論爭的焦點。

如果具體來說，可以概述如下：首先，在三世紀出現的一神論潮流中，有「養子論」，即認為耶穌因在受洗時聖靈降臨而成為基督，成為神的「養子」；還有「樣態論」，認為由於只有一位神，因此祂有時以父親的身分顯現，有時以兒子的身分顯現。無論如何，前者因危及基督的神性而被視為異端，後者則因可能消除父與子的區別而同樣被排斥。

亞流派論爭

接著，到了四世紀，所謂的亞流派（Arianism）論爭爆發了。其中一方的主要代表是亞歷山卓正教會的祭司亞流（Arius, ?-336），他主張「子」是出生後才開始存在，因此認為「曾經有一段時間作為兒子（的基督）並不存在」——依據這一觀點，作為兒子的基督被視為被造物，對作為神的父親而言處於從屬地位。對此觀點，亞歷山卓正教會的主教——亞歷山大（Pope Alexander I of Alexandria, ?-328）則予以反對，認為這將損害基督的神性。此外，與此論爭密切相關且經常被引用的亞大納修（Athanasius, ca. 296-373），在三二八年繼任主教，並奉獻一生對抗亞流派，成為堅定的鬥士。

亞流派論爭規模頗大，於四世紀的十年代將地中海東半部的教會全數捲入，甚至出現教會可能分裂的嚴峻局面。在此情況下，羅馬皇帝君士坦丁大帝（Constantine the Great, ?-337）以帝國統治者的身分出現。根據某種說法，這位知名的君士坦丁大帝於三一二年左右曾因經歷過一次神祕的體驗而改信基督教。為了不讓自己皈依的這位強大神明感到任何不快，君士坦丁大帝決定統合各教會。實際上，在他之前，教會內已發生被稱為穩健派與嚴格派之爭的多納多斯派論爭（Donatism），君士坦丁大帝認為有必要介入教會政治以解決此等事態，雖然最終效果並不理想。這位羅馬皇帝不遺餘力地將帝國各地的主教等教會領導者匯聚一堂，舉辦了著名的三二五年第一次尼西亞公會議（First Council of Nicaea）。會議中決定採用「同本體論」（Homoousion），以排除亞流派的形式為這場教義論爭劃下休止符。

不過，之後論爭仍以各種各樣的型態持續了半個多世紀，三八一年由羅馬皇帝狄奥多西一世（Theodosius I）再度舉行了公會議，地點在當時的首都君士坦丁堡，採取表述正確教義的信仰教條，這些信條今日被稱為《尼西亞—君士坦丁堡信經》（*Niceno-Constantinopolitan Creed*），明確表述基督不是被造物，而是從父所生，並且融入了強調基督神性的文句。這份信條至今仍在許多教會中，例如天主教會，在禮拜時作為信仰告白（Confession of Faith，又稱信條）使用。因此，可以解釋為，這份信條是教義論爭的一個重要里程碑。

基督論論爭

然而，實際上教義論爭並未因此結束。自四世紀末以來，特別是在基督的神性與人性關係（即所謂的基督論）方面，展開了激烈的討論。換句話說，如何看待基督既是神又是人的身分成為了重要的爭論主題。

其中，特別知名的是源自安提約基學派（Antiochia）的君士坦丁堡主教聶斯脫里（Nestorius, ca. 351-451）與亞歷山卓主教區利羅（Cyril of Alexandria, ca. 378-444）之間的對立。聶斯脫里強調基督的神性與人性的分離，而區利羅則強調它們的合一，後者的觀點日後與所謂的基督一性論相連結。最終，區利羅在這場論爭中獲勝，這也是四三一年的以弗所公會議（Council of Ephesus）的結果。然而，這次選擇給人一種強烈的感覺，即區利羅的勝利是源於教會政治上的策略。

在此之後，基督教論爭依然持續，而且呈現出西方的羅馬主教也被捲入的狀況。第四次公會議——迦克墩公會議（Council of Chalcedon）於四五一年舉行（迦克墩是隔海峽與君士坦丁堡對望的城市），會中採納了《迦克墩信經》（*Chalcedonian Definition*）。然而，到了這個階段，教義的規範變得極為繁瑣和細緻。例如，關於基督論便出現了如下的表述〔鄧琴格（Heinrich Joseph Dominicus Denzinger）編，《天主教會文書資料集》，頁六九—七〇〕：

> （前略）（耶穌基督）擁有完全的神性，同時擁有完全的人性。祂是真神，同時又具備理

> 性的靈魂，而且為由肉體構成的真實人類。在神性方面與聖父同質，在人性方們則與我們同質。（中略）其神性由聖父所生，始於這個世界之前，人性則是在末世之時，由神之母（天主之母，Theotokos）處子瑪麗亞所生，這一切都是為了我們及我們的救贖。唯一的基督，同是主的獨子，亦是**不可混合**、**變化**、**切割**、**分離**的兩種本性。此種結合並非須去除兩種本性的差異，而毋寧是保持各種本性的完整特質。（後略）

底線部分在原文中出現了四次「不可——」的單詞（副詞），而當我們試圖探討兩種本性（神性與人性）之間的具體關係時，卻最終無法得出明確的結論。其原因在於缺乏肯定的規範。或許正因為無法提供意義上完善的定義，才會選擇使用這連續的否定副詞來加以說明。顯然，要對某事物予以完善的定義，就必須使用肯定的表述，否則使用否定形式最多只能指出事物的範圍與界限。

然而，《迦克墩信經》的規範卻遭到了強調神性與人性合一者的質疑。正因如此，位於埃及、敘利亞和亞美尼亞的基督一性論派教會與其他教會產生了分歧。至此，耶穌基督教誨的信條與教義之間已經出現了巨大的鴻溝，這一點無需再作重述。而在這些討論中形成的基礎，正是古代哲學，準確來說是古代哲學中的人類論，這一點同樣不必贅述。

關於教義的僵化

隨後，教義論爭進一步持續，這些複雜且難以處理的教義，特別是在認真接受這種論爭傳統的拜占庭帝國（基督教）中，發展到了完全僵化的地步。二十世紀德國拜占庭學泰斗的漢斯—喬治．貝克（Hans-Georg Beck）在其著作《拜占庭世界論》中如是表達這一情況（《拜占庭世界論》，頁一四六—一四七）：

（前略）此正教（Orthodoxy），其概念的網眼只要塞得越滿就越加危險，隨著這種舉動，源於教誨泉源的聖經及原始基督教的傳承，那種既自由又具創造性的相互質問最終將被壓制。自此之後聖經將不再是宗教靈感的泉源，而成為各種可能解釋的證據寶山。尼西亞公會議之前的神學因不具備五、六世紀的概念高度而遭到遺忘（抄本的傳承可證實此點）。此種神學性思考的嘗試，抹滅了多元主義，而且這種精雕細琢的定義一經成形，便揭示著排他性—定義自身終必將歸於貧瘠僵化，這便是其要求。在激烈無情地鬥爭後最終獲得確保的內容，是所有時代（即便用上追放他者的手段）都必須保護的。解釋該內容的自由將不假手他人，之後，比起獲得新鮮的想法，毋寧要求墨守成規，讓他人俯首遵從，這就是神學者的使命，也成為教義領域的「武器庫」。過往被視為危險事物的定義，而今轉變成修正定義才是危險的。這些定義，讓進一步的宗教活潑化成為近乎不可能的事情。（後略）

這可以說是總結「基督教的希臘化」的關鍵之一——雖然並非全部，但其評述無疑具有重要性。

順便提及，統治整個地中海世界的羅馬帝國中，所謂的拜占庭帝國，實際上是羅馬帝國的直接延續，但為了方便說明，可以將其視為地中海東側的勢力範圍。在拜占庭帝國內，教義僵化的情況如上所述，並且這一現象可以追溯到十五世紀拜占庭帝國滅亡之前。相比之下，在西側，即今日的西歐地區，或許可以說並未出現這種僵化的現象。針對這一點，需要進一步說明的是，西歐所謂的羅馬帝國滅亡是一個歷史上知名的事件，雖然其知識傳統並未完全斷裂，但顯然存在不連續的情況。這種狀況或許與當時的知識水平低下有關，可能是導致古代末期至中世紀初期西方沒有發生教義僵化的原因之一。

接著，直到中世紀的巔峰時期，即經歷了十二世紀的文藝復興之後，西歐才受到亞里斯多德著作的深遠影響，以經院哲學（scholasticism）的形式實現了基督教神學的重大發展。這一現象也可以被視為「基督教的希臘化」。無論如何，西歐能夠取得這樣的進展，可能與之前提到的缺乏教義僵化的情況存在著一定的關聯。

四、作為「哲學」的基督教

作為生存方法的哲學與基督教

那麼，承接上述說明，或許有些讀者會認為「基督教的希臘化」不就是神學議論的哲學化嗎？實際上，筆者也非常想這麼說。然而，或許是筆者的誤解，但所謂教父等古代基督教作家們盛行的有關神的議論，與其說是哲學，不如說僅僅是神學的討論而已。值得一提的是，古代的「神學」（theologia）與現代的神學（Theologie）之間存在著根本的差異，古代的神學明顯更傾向於「有關神的言說」或神論。若再多加幾句補充，便是「哲學」（philosophia），這一詞彙在新約聖經中僅出現過一次，內容是「你們要謹慎，恐怕有人用他的哲學⋯⋯就把你們擄去」（《歌羅西書》二：八），而從其語境來看，這是在否定「哲學」的背景下所作的表述。

那麼，古代的基督教與哲學是否完全迥然相異呢？實際上，在不同的脈絡下，仍可見將基督教稱為哲學的情況。這裡舉一個顯著具異質性的例子：古代有一類被稱為哲學家的基督教徒，那便是修道者。所謂的修道者，指的就是那些隱遁至沙漠、放棄世俗生活——進而放棄婚姻與財產的人。他們與世隔絕，持續過著禁慾的生活，將自己全然奉獻給神或追求自身的救贖。此外，像中世紀以後的學僧，古代這個時期的修道者亦可視為一種例外狀況。

為何這些缺乏學識的修道者會被稱為哲學家呢？這個問題涉及古代哲學的本質。根據法國的古代哲學研究者皮耶・華篤（Pierre Hadot）的說法，與現代不同的是，在古代，哲學不僅僅是抽象的思辨，還是可以實踐的生活方式。換言之，哲學者如何依據自己的哲學生活，才是被質疑的重點。舉例來說，對世俗財產持淡然態度，在古代被普遍認為是哲學家應有的生活態度。華篤特別在一九九五年的著作《何謂古代哲學》（*Qu'est-ce que la philosophie antique*）中，以及其他作品中反復強調了這一點。此外，值得注意的是，華篤在該書的開頭提到的另一部著作，即吉爾・德勒茲（Gilles Deleuze）與皮埃爾—菲利克斯・伽塔利（Pierre-Félix Guattari）的《何謂哲學》（*Qu'est-ce que la philosophie?*，日文翻譯由河出文庫出版），與他自身的立場完全相悖，這一點非常有趣。或許他想要與那些僅擅口舌之辯的現代學者劃清界線。

雖說如此，華篤在上述著作中引證的埃瓦格里烏斯・龐帝古斯（Evagrius Ponticus, ca. 346-399）與加沙的多羅修斯（Dorotheus of Gaza，六世紀人物）在修道者中無疑是具備學識和高尚品格的優雅人士，我們無法否認他們所展現的這種印象。華篤大概想表達的是，與這兩位相比，其他修道者往往缺乏學識且更為粗野，甚至不乏粗暴之人。然而，這些早期修道者的生活方式和言語實際上仍然包含了許多值得學習的智慧。例如在《沙漠導師的話語》（*Patrologi Cursus Completus*，或稱《導師們的金言》）一書中，稍微一瞥便能讀到許多讓人認同的言辭。

結語——作為「蠻人哲學」的基督教

然而，將修道者的生活方式視為哲學的觀點，或許使本章的論述稍顯過度。因為當我們將修道者的生活稱為「哲學」時，這裡的「哲學」與古代希臘語中的「哲學」（philosophia）的用法緊密相關。而本章所提到的哲學，則如前文所述，應該是基於現代對「哲學」一詞的定義，本質上應是窮理的活動。因此，最後再次回到這個問題：基督教究竟可以被視為哲學，還是不能被視為哲學呢？

若以窮理的意義來看，基督教顯然並非哲學。然而，在這個前提下，根據本章所反覆提到的觀點，可以說古代的基督教是「野蠻人的哲學」（barbaros philosophia）。當然，即便如此表達，若要區分此處的「哲學」更接近於古代的語義還是現代的語義，顯然仍然是接近於前者。

亞歷山卓的克萊孟（Clement of Alexandria, ca. 150-215）在提及基督教時，毫無疑問並沒有任何卑下的意味，反而應該理解為一種對「希臘人哲學」的強烈對抗意識。換言之，這個「野蠻人的哲學」與希臘人的哲學並不等同——因為基督教始終強調透過啟示獲得的知識之重要性。此外，基督作為真理（logos），擁有無所不知的智慧，從知識層面來看，更是超越了希臘人的哲學。

延伸閱讀

本章是基於拙稿〈關於所謂「基督教的希臘化」〉（收錄於《基督教學》，立教大學基督教學會，五九，二〇一七年）改寫而成。要理解本章最有效的方式便是閱讀該論文，但有鑑於不易取得，以下將列舉可於書店或舊書店取得之文獻。

漢斯—喬治・貝克（Hans-Georg Beck），戶田聰譯，《拜占庭世界論：千年拜占庭》（*Das byzantinische Jahrtausend*，知泉書館，二〇一四年）——本稿中引用了「希臘化」與帶來教義僵化的結果部分，除此之外此書尚饒富深意地說明了古代基督教的時代背景，即羅馬帝國（拜占庭帝國）。

瓊斯（A.H.M. Jones），戶田聰譯，《歐洲的改宗》（*Constantine and the Conversion of Europe*，教文館，二〇〇八年）——深入且詳細說明基督教論爭發展到尼西亞公會議的經過，特別是羅馬皇帝（君士坦丁大帝）如何涉入論爭。

《園部不二夫著作集第三卷：第一代教會史論考》（基督教新聞社，一九八〇年）——至今為止日本人所撰寫關於基督教教義史的最佳書籍。

谷隆一郎、岩倉莎也加（音譯）譯，《沙漠導師的話語》（*Patrologi Cursus Completus*，知泉書館，二〇〇四年）——說明作為「為了生存而存在的哲學」與修道制度的關聯時，必然要推薦此書。當然，此書原本的意涵並無法以今日所言的「哲學」來定義。

日本筑摩書房創社八十週年鉅獻

集結日本哲學界逾百位專家陣容

跨越三千年人類智慧的結晶

在世界哲學史中探索心靈的力量

世界哲學史

伊藤邦武／山內志朗／中島隆博／納富信留 主編

世界哲學史 1

古代篇(I)哲學的起源：從智慧到愛智

世界哲學的起源，由西亞、印度、東方等各地宗教的傳統智慧，以及古希臘的「愛智學」交織而成。遠古的人類如何進行探索，思考自身存在的意義呢？

序章　邁向世界哲學史
第一章　關於哲學的誕生
第二章　古代西亞的世界與靈魂
第三章　舊約聖經和猶太教中的世界與靈魂
第四章　中國諸子百家中的世界與魂
第五章　古印度的世界與靈魂
第六章　古希臘：從詩到哲學
第七章　蘇格拉底與希臘文化
第八章　柏拉圖與亞里斯多德
第九章　希臘化時代的哲學
第十章　希臘與印度的相遇及交流

世界哲學史 2

古代篇(II)世界哲學的誕生：建立與發展

在羅馬、波斯與秦漢等歐亞各大帝國的時代，哲學如何隨著基督教、佛教、摩尼教、儒教等普世宗教蓬勃發展，演變為「世界哲學」？

第一章　哲學的世界化與制度、傳統
第二章　傳入羅馬的哲學
第三章　基督教的成立
第四章　大乘佛教的成立
第五章　古典中國的成立
第六章　佛教與儒教的論爭
第七章　瑣羅亞斯德教與摩尼教
第八章　柏拉圖主義的傳統
第九章　東方教父的傳統
第十章　拉丁教父與希波的奧斯定

世界哲學史 3

中世紀篇(I)中世紀哲學的革命：超越與普遍

西方哲學如何透過經院哲學等神學系統，開展全新的變化？伊斯蘭教與佛教又如何在古老的宗教傳統上發展全新的哲學？

第一章　邁向普遍與超越的知識
第二章　東方神學的譜系
第三章　教父哲學與修道院
第四章　存在問題與中世紀邏輯學
第五章　博雅教育與文法學
第六章　伊斯蘭的正統與異端
第七章　希臘哲學的傳統與繼承
第八章　佛教、道教、儒教
第九章　印度的形上學
第十章　日本密教的世界觀

世界哲學史 4

中世紀篇(II)中世紀哲學的重生：個人的覺醒

在中世紀的巔峰，人類開始覺醒，思考自身與世界的距離與定位。人類如何擺脫傳統神學與宗教束縛，以「個人」為出發點，追求全新的哲學觀？

第一章　都市的發達與個人的覺醒
第二章　多瑪斯・阿奎那與托缽修道會
第三章　西方中世紀的存在與本質
第四章　本質與形上學
第五章　阿奎那激情論與傳統的理論化
第六章　作為西方中世紀哲學總結的唯名論
第七章　朱子學
第八章　鎌倉時代的佛教
第九章　中世紀猶太哲學

世界哲學史 5

中世紀篇(III)巴洛克時代的哲學：新世界的衝擊

中世紀的晚期迎來大航海時代，推動以全球為範圍的文明交流，哲學因而發展並邁入全新的紀元。各種文明與思想的碰撞，將會產生什麼樣的火花？

第一章　從西方中世紀到近世
第五章　耶穌會與吉利支丹
第九章　明代的中國哲學

第三章　西方中世紀的經濟與倫理
第四章　近世經院哲學
第七章　「後笛卡兒」的科學論與方法論
第八章　近代朝鮮思想與日本

世界哲學史 6

近代篇(I)啟蒙時代的思想變革：理性與情感

第一章　啟蒙的光與影
第二章　道德感道德情論
第三章　名為社會契約的邏輯
第四章　從啟蒙到革命

近代的開端，肇始於十八世紀末的啟蒙運動。啟蒙運動所追求的人類理性與情感力量，如何推動世界哲學的發展，最終迎來前所未有的思想革命？

第五章　啟蒙與宗教
第六章　殖民地獨立思想
第七章　批判哲學的嘗試
第八章　伊斯蘭的啟蒙思想
第九章　中國的情感哲學
第十章　江戶時代的「情感」思想

世界哲學史 7

近代篇(II)近代哲學的演進：自由與歷史

第一章　理性與自由
第二章　德意志的國族意識
第三章　批判西方的哲學
第四章　馬克思的資本主義批判

近代的尾聲，是人類透過科學展現無窮力量的進步時刻。人類如何對自身的力量進行反思？又如何試圖突破意識型態的框架，追求真正的自由？

第五章　演化論與效益主義的道德論
第六章　數學與邏輯學的革命
第七章　「新世界」的自我意識
第八章　唯靈主義的變遷
第九章　近代印度的普遍思想
第十章　「文明」與近代日本

世界哲學史 8

現代篇　全球化時代的哲學：現代與後現代的對話

第一章　分析哲學的興亡
第二章　歐洲的自我意識與不安
第三章　後現代或後結構主義的理論與倫理
第四章　女性主義思想及圍繞「女性」的政治

西方後現代的思潮、性別觀及批評理論，以及伊斯蘭世界、中國、日本、非洲等地的哲學發展，如何在今天分散且多元的全球化時代，探索人類的「智慧」？

第五章　哲學與批判
第六章　現代伊斯蘭哲學
第七章　中國的現代哲學
第八章　日本哲學的連續性
第九章　亞細亞中的日本
第十章　現代非洲哲學
終　章　世界哲學史的展望

世界哲學史 9

別冊　開啟未來的哲學：回顧與前瞻

第一部　世界哲學的過去、現在與未來
第一章　展望未來的哲學：回顧《世界哲學史》前八冊
第二章　邊境所見的世界哲學
第三章　作為世界哲學的日本哲學

本冊第一部分收錄山內志朗、中島隆博、納富信留等三位編者的對談，以「世界哲學」為主題展開，討論本套書各冊內容的精華；第二部分則是以十三章的篇幅，探討與「世界哲學」概念相關、未在前八冊出現的課題。

第四章　世界哲學的形式與實踐
第二部　世界哲學史的延伸討論
第一章　笛卡兒的《論靈魂的激情》
第二章　傳入歐洲的中國哲學思想
第三章　西蒙・韋伊與鈴木大拙
第四章　印度邏輯學
第五章　伊斯蘭的語言哲學
第六章　道元的哲學
第七章　俄羅斯的現代哲學
第八章　義大利的現代哲學
第九章　現代的猶太哲學
第十章　納粹的農業思想
第十一章　後現代的世俗哲學
第十二章　蒙古的佛教與薩滿信仰
第十三章　正義論的哲學

CHAPTER

four

第四章

大乗佛教的成立

下田正弘

大乗仏教の成立

一、本章問題體系——作為一種歷史哲學的設問

何謂「大乘佛教成立」問題

雅斯培（Karl Theodor Jaspers）提出的「軸心時代」，其中心之一便是佛教。此西元前五世紀出現於印度的世界宗教，橫亙超越一千五百年的歷史，無論與西方相較或在亞洲內部，自古以來佛教都是一個獨自的思想體系。

佛教思想因大乘佛教的出現而實現了飛躍式的發展。這一新形式的佛教不僅在亞洲廣泛傳播，並產生了深遠的影響，還促進了對印度古老宗教的更深入的哲學性探討。自十九世紀以來，包括黑格爾在內的西方哲學家們開始關注印度的哲學（葛拉士納（Helmuth von Glasenapp）著，大河內了義譯，《東洋的意義》，法藏館）。而印度宗教的深化，最重要的契機正是大乘佛教。

根據井筒俊彥（一九一四—一九九三）的觀點，在東方被稱為哲學的思想可以說是在大乘佛教中開花的。例如，在中國，深具代表性的朱子學的誕生受到了大乘佛教的華嚴思想的影響。此外，在中國轉向「近代」的象徵性事件——辛亥革命中，闡述如來藏思想的小型佛典《大成起信論》作為一部對抗西方哲學的獨特思想書，成為了梁啟超（一八七三—一九二九）、章太炎（一八六九—一九三六）等承擔革命領導角色者的理論支柱。

本章將以西元前後之際，在印度次大陸顯現的大乘佛教成立問題為焦點，探索其思想特徵

及成立的經緯。這一主題至今仍是學術界最大的謎團之一，雖然各種假設層出不窮，但至今仍未有明確的結論。

在《世界哲學史》叢書中探討這個主題，是因為考察大乘佛教的成立有助於理解歷史認識的形成，而這正是一個歷史哲學的主題。作為古代印度的歷史現象，大乘佛教如果僅僅依賴當今的認知來事後把握過去存在的事實，這種理解模式顯然是不充分的。研究者在這一過程中，如何從保留下來的事實，尤其是更為重要的文本出發展開研究，與大乘佛教知識的形成過程恰好相互重疊。

這樣的理解，乍看之下似乎僅是混淆事實與觀念的修辭學，實際上它反映了自一九六〇年代以後，人文學科面對歷史學中的語言學轉向所涉及的重要課題。欲描繪歷史的主體，如何一方面將自身的意識形象化，另一方面又將被研究的歷史事實形象化，這兩者最終需透過媒介文本的形象化來達成。

一分為二的現今佛教世界

認識過去的想望，來自對當下的質疑。具體來說，對於眼前確鑿的現實狀況，應該質疑的是自過去遺留下來的痕跡以及各種布局的由來等，因而產生了追尋過往的行動。然而，此處真正需要質疑的是：根據當前的認知來追尋過往是否具有正當性？這是本章將要探討的主題，但在深入討論之前，我們先從一般常識出發，對當前的佛教進行概述性的說明。

今日的佛教流傳於中亞、西藏及東亞各地。其中一派被稱為北傳佛教的大乘佛教，另一派則主要流傳於東南亞，過去被稱為小乘佛教，現在則稱為上座部佛教（Theravada）或南傳佛教。這兩個佛教圈之間存在著明顯的差異。

根據現有資料，大乘佛教與上座部佛教的主要差異在於各自經典的種類與數量。大乘佛教除了擁有上座部佛教的佛經外，還擁有龐大的大乘經典。這些大乘經典中包含了空思想、唯識思想、如來藏思想，甚至進一步發展為密宗思想等多種深化至哲學層次的思想，佛教思想家們也基於這些經典內容構建了系統化的思想體系。在大乘佛教傳播的東亞和西藏，對應這些教義的儀式、信仰及制度展現出東南亞諸國所未見的特徵。

這種差異並非因為接受傳播國家的區域特性而後天賦予的。即便在各個佛教圈內部，我們仍然可以找到語言、歷史、社會及文化等各種不同的因素，但在佛教的特徵上，大致上僅可劃分為兩類。因此，可以推斷在佛教起源的印度，某個時期已經存在不同樣貌的佛教，接受傳播的國家根據其內容選擇是否接受，最終形成今日的結果，這種看法或許更加恰當。

初期佛教思想與大乘佛教思想

此處先簡要介紹佛教整體與大乘佛教的思想特質。人，自呱呱墜地以來便渴望追尋永恆而理想的真實，因而產生了那些承諾來生的宗教，這可以說是基於這種企盼而建立的。然而，佛陀認為由自然狀態所生成的現實，其實是根本無知的產物，亦即是被無明所遮蔽的意識所構成的迷妄，因此他強調必須從這些黑暗中解放出來。對於擁有自然狀態和從中解放這兩種不同觀點的佛教而言，這個世界存在著解放之前與解放之後的二元面貌。

分析這兩個世界的構成及其相互關係，並將其思想整理成體系的，就是大乘佛教。在初期佛教的理論中，僅停留在「無我」的觀念上，認為這個世界中根本不存在自我或自由的概念，同時也體現了「無常」，即這個世界缺乏恆常的秩序。這種觀點所能涵蓋的範圍僅限於此一世間。而進入到大乘佛教後，從迷妄中解放出來的真實世界——此處指出數組相對概念，如煩惱對菩提、輪迴對涅槃、此岸對彼岸、眾生對如來等也被言語化，構建出鑲嵌於該存在次元的思想。

大乘佛教的思想體現在空思想、唯識思想和如來藏思想中。空思想在真實領域中並存著終極真實（勝義諦）和世俗真實（世俗諦）兩個領域。其中，佛陀的教義以及一切語言化、歷史化的存在被歸為世俗真實，而超越歷史現象的終極真實則被視為佛教的超越層次。隨後出現的唯識思想對現實的本質提出了三種樣態：迷妄的本性（遍計所執性）、關係的本性（依他起性）和終極的本性（圓成實性）。它透過深化的語言將空思想進一步體系化，並整合認識論與存在論的內容。相對於此，如來藏思想則透過完全覺悟的如來智慧觀察眾生的內心，預言性地顯示出未來將實現的如來特徵，同時包羅了由空思想和唯識思想所展開的語言學、存在論、認識論及救贖論等。

大乘佛教之所以能夠獲得如此發展，與初期佛教或繼承初期佛教的上座部佛教相比，其最顯著的差異在於語言學的深化。上座部佛教的思想元素之所以能停留在早期佛教的無常、無我等概念階段，主要是因為它將思想重心放在行為實踐上，因此避免了在語言學上深入探討的努力。相對而言，大乘佛教不僅將行為實踐納入考量，甚至連解脫等結果也都置於知識探索的範疇，並將其語言化。

大乘佛教與上座部佛教在語言學深化上的差異，主要源於兩者所擁有的經典差異，也就是大乘經典的有無。佛教的思想詮釋最終仍依賴於經典的言說作為根據，並據此決定整體思想的基本結構。那麼，大乘經典究竟是如何成立的呢？在下一節中，我們將回顧有關大乘佛教的成立，並整理至今為止的學說。

二、不存在的大乘教團與文本上的大乘佛教

大乘教團的假設

關於大乘佛教成立的問題，至今的研究者們假設，當今世界上可確認的、反映出制度差異

的佛教，其實在古代印度已經存在。如果仔細審視我們眼前發展脈絡分明的兩個佛教團體，這一前提條件無疑是一個合理的猜想。

關於大乘佛教的起源，歷來有兩種假說，即大眾部起源說與在家起源說。大眾部起源說認為，大乘佛教源自於出家者教團中的大眾部派別，因為該派別的傳承教義與大乘佛教思想有許多相似之處，而在後世的印度佛教典籍中也可確認這一點。因此，有人主張大乘佛教是從這個派別發展而來。然而，根據當前可確認的各種資料，大乘佛教與「說一切有部」等其他派別之間也有深厚的淵源，這使得難以明確地認定其起源僅來自大眾部。

在家起源說則假設佛教的傳承系譜分為出家者和在家者兩個不同的系譜，並認為在家者的佛教系譜催生了大乘佛教運動。這一假說源於十九世紀後半的西歐，並分化出幾個支派，至今仍然被繼續探討。特別是在日本，平川彰於一九六〇年代提倡「在家＝佛塔起源說」的假說，認為除了僧院之外，佛教還存在一個以佛塔為經濟與信仰活動基礎的在家教團。這一假說一直占據主流地位，直到一九九〇年代。與大眾部起源說不同，這一假說認為大乘佛教的起源並非源於思想因素，而是基於社會需求的結果，屬於一種強調社會性因素的全新假設。

然而，自一九七〇年代末起，歐美關於批判「在家＝佛塔起源說」。僅從考古學的證據來看，佛塔信仰及對在家修行者鼓勵積功德的特徵，主要見於主流佛教系譜。歐美的研究觀點認為，這種特徵與大乘佛教所強調的嚴格出家者理想相反，後者批評依賴在家修行者來獲得制度性穩定的僧院佛教，並讚揚被稱為阿蘭若的「森林」修行處。這種渴望恢復釋迦時代崇尚苦行的理想被解讀為一種復古運動。

自一九九〇年代以來，雖然這一假說在歐美獲得了廣泛的支持，但近年來卻出現了反論，認為這是對部分經典特徵的擴大解釋，迫使研究者重新考慮其合理性。

此外，還有一些假說，如以冥想中的意識變革經驗為中心理解運動的起源；假設由宣說者法師（Dharma-bhanaka）引發的運動；認為因教團的分裂導致定義變更而產生大乘佛教的假說；以及基於執行消除業障儀式的共同體而成立的假說等等，但這些假說均未獲得廣泛支持。

無法確認大乘佛教是否有教團

以上的假說都假設在大乘經典的外部存在著與經典內容相呼應的教團。然而，這裡存在一個重大問題，即從包含考古學資料在內的歷史資料來看，這些史料與假說之間完全不一致。

首先，從近來在犍陀羅出土的抄本年代來看，大乘經典大約在西元前後已存在於北印度。相對而言，古印度史中能證明大乘佛教團存在的最早證據碑文，最遲要到西元後的五、六世紀才出現。這意味著，在長期以來僅存在大乘經典的情況下，直到教團的存在得到確認之時，之間竟存在著五百年的空白期。

其次，根據僧院與佛塔等遺跡的發掘及其他考古學證據，均暗示大乘佛教教團並不存在。

關於五世紀之前的建築結構及出土遺物特徵的解釋，雖然各方有多種討論，但未能得出確切的結論。除了印度馬圖拉（Mathura）城西部戈文德．納加爾（Govind Nagar）出土的一尊記有婆羅米文（Brahmi script）的「阿彌陀佛像」台座之外，並沒有發現大乘佛教存在的確鑿證據。雖然寺院結構隨著時代出現了大乘化的現象，並能確認建築結構的起源，但無法確定獨立的大乘教團的存在。

第三，五世紀的法顯（三三七—四二二）、七世紀的玄奘（六〇二—六六四）、七至八世紀的義淨（六三五—七一三）等從中國前往印度取經的僧侶們，其紀錄中都出現相似的證詞，即大乘與小乘的僧侶在大多數場合都居住在同一僧院內，屬於同一教團。儘管這兩種佛教在誦讀的經典和禮拜的對象（如佛像、菩薩像等）上有所不同，但在社會制度上並無明顯區別。

第四，大乘佛教若想像其他派別一樣形成教團，必須擁有規範自身戒律的律藏，但目前並無證據顯示其存在。在認為大乘佛教乃是既存教團的中國，雖然隨著時代演進出現了名為《梵網經》的戒律，但經過證實後發現該經典為偽作，這顯示出仍然缺乏證據來證實大乘佛教制度的存在。

第五，最後，近年在廣域的犍陀羅地區發現的最古老的印度語抄本，追溯至西元前後，以及六至八世紀間在吉爾吉特經藏中發現的抄本，均顯示出大乘經典與傳統經典並存並被保管在部派內部的事實。

因此，以上的所有事例都無法支持大乘佛教起源於獨立教團的假設。那麼，這種特異的佛教存在究竟應該如何定位呢？

傳承媒體的轉變與作為文本的大乘佛教

實際的情況相當單純。實際上事實相當單純。那就是大乘佛教的起源，僅存在於思想，亦即僅以文本存在，並無伴隨獨自的教團。關於大乘佛教，無論東西方共同的特徵都在大乘經典的製作運動。我們必須假設此運動在不反映於外顯制度的狀態下推進。

最有力的可能性在於傳承媒介的變化。在佛教中，教義的傳承在佛陀入滅後的三、四百年間主要是口頭傳承。到了西元前後，書寫技術的引入使得口傳文本與書寫文本共存的狀態出現。這一傳承媒介的變化可能對佛教知識的表現方式產生重大的影響。曾經，沃爾特·翁（Walter J. Ong, 1912-2003）將知識傳承形式中從聲音到文字的轉變視為認知上的一場劇烈進化。可以認為，在佛教史上也發生了類似的轉變。

值得注意的是，關於教義和傳統的正統性出現了新的意識。在口頭傳承中，經典的存在與記憶和傳誦這些經典的人密切相關，經典的神聖性和正統性也與傳承者的神聖性和正統性相重疊。在擁有三千年悠久傳承的吠陀傳統的古代印度中，祭司階級的婆羅門被視為聖別的根源正是基於此。在佛教中也是如此，長期以來，稱為法師的傳承者本身就是經典存在的象徵。

然而，隨著書寫文本的出現，文本從口傳中獨立出來，經典的神聖性也因此轉移至文本上，並開始在文本中綻放和發展。

與早期經典相比，大乘經典對舊有傳統的強烈批判和建立新傳統的意識尤為明顯。研究者們將此視為與口頭傳承世界的對立。然而，在口傳的世界中，經典的存在與共同體是密不可分的，若要持續發出批判的聲音，則必須有獨立的教團。正如前文所確認的，這在印度並未發生。大乘經典中的傳統批判，實際上是從書寫文本（即「書寫」的層面）指向語音語言（即「言說」的層面）而進行的。由於兩者存在於不同層次，現實中並不衝突，且可以相互共存。

從現存的資料和至今為止的研究成果出發，大致上可以推論大乘佛教的成立過程。在西元前後，隨著書寫經典的出現，部分編纂者對傳承起源的正統性及佛陀教誨作為歷史現象的正統性提出了質疑。在這種情況下，經典保存活動開始對過去的知識予以重新解釋，並轉化為新經典的創制運動。這種源自文本內部的行動最終影響了外部世界，促成了佛教世界的變化。自西元前後大乘經典出現以來，至西元五、六世紀的碑文證實大乘教團的出現，這段五百年間，此類運動持續不斷地進行。

如果透過這樣的概念重新審視學界迄今為止對大乘教團歷史的解釋，我們可以理解到：具有特定儀式、戒律及修行樣態的大乘佛教，並非一開始就擁有獨立的共同體，也不是因為反映該共同體的信念而出現的大乘經典。相反地，是因為大乘經典文本的創制活動，促成了符合文本儀禮與修行樣態的新大乘教團的形成。換言之，我們可以得出一個與過去學界理論完全相悖的結論，即文本導致了新教團在文本之外的現實世界中出現。

三、大乘經典研究與歷史研究

佛學的方法論與歷史學的方法論

批評既存佛教正統性並強調自身教義意義的大乘經典，實際上並不具備相應的教團，反而是事後因應其教義在現實中形成了組織。這一假設至今尚未被佛教研究者提出，並受到近代歷史研究態度的重要影響，即將思想視為上層結構，並理解文本內涵為社會環境的反映。

至今為止的研究者針對大乘經典係由誰所書、於何種宗教社會環境下所編纂、作者的意圖為何等作為研究對象，並從經典內容、圍繞著作者的相關資訊導出問題意識。此種方法論的效度究竟為何？我們必須透過海登・懷特（Hayden White, 1928-2018）、雅克・德希達（Jacques Derrida, 1930-2004）、保羅・利科（Paul Ricœur, 1913-2005）等一九六〇年代以後在歷史學中引導語言學轉向的思想家來重新思考。

首先，讓我們回顧佛教研究者們究竟以何種方法來解釋這些研究對象。例如，在解讀《法華經》時，研究者會使用六至八世紀的吉爾吉特抄本、九至十世紀的喀什抄本以及十二世紀的尼泊爾傳承抄本來研究梵語；在漢語方面，則會利用三世紀竺法護與五世紀鳩摩羅什翻譯的文本，並對照九世紀前後的藏語翻譯文本。此外，他們還會參考十九至二十世紀有書寫記錄的東南亞巴利語（Pali）文本。這些資料被整合成可讀的文本後，研究者便根據各語言的翻譯編輯出對照詞庫（lexicon），以此作為思想研究的基礎。

字型的時代與區域特質及其演變、發音的承繼與區域變化、書寫傳承過程中發生的錯誤及其修正、隨著時空環境和語言環境變化而形成的詞彙擴展及意義變化等，都是考證上述變因的基礎作業，也是研究者在研究歷史時一直意識和留意的部分。儘管使用了不同區域、時代、語言等範圍廣泛且多樣的資料，並將其他相關文本與翻譯納入考察，這樣的努力雖然能夠特定出某一時空下的文本，但卻無法建構出文本外部的實際狀況。

歷史學認為文本內部的言說是由文本外部力量所產生的結果，即是一種次級產物，而歷史學要解析的對象則是形成文本言說的原因，也就是創造文本的外在力量或結構。然而，佛學研究卻打造出一個意義場域，旨在展現各文本所具備的不同特性。在歷史研究中，若將文本視為「歷史中的文本」，那麼從超越時空領域所蒐集的文本集合中所見的歷史，便是「文本中的歷史」。

佛教研究者在面對這兩段歷史時，幾乎未加區分，因此所描繪的歷史往往模糊不清。這種情況有時確實無可避免。正如懷特所指出的，歷史學家在面對歷史現場時，情況類似於文法學者聽到新的語言。歷史學家必須在將概念應用於歷史資料之前，首先形象化歷史場域，並將其構建為精神的表徵對象。歷史學家的挑戰在於構建涵蓋語彙、文法、句法和語義等層面的語言學基本要素〔海登·懷特，《元史學：十九世紀歐洲的歷史想像》（*Metahistory*）〕。這一過程與佛教學者的研究活動相互重疊。

提取作者意識的課題

一方面，將文本的言說作為研究對象；另一方面，意識到歷史研究的方法，這同時涉及語言與存在，因此與德希達所探討的書寫本性有關（林好雄譯，《聲音與現象》，筑摩書房；合田正人、谷口博史譯，《書寫與差異》，法政大學出版社）。

當研究者閱讀經典時，他們的意識會被觸發，隨之產生表象或意義的印象，並在閱讀過程中不斷變化。這種經驗僅在經典的言說與研究者意識之間展開，不受任何外部事物的干擾。然而，研究者往往將意識中浮現的表象或意義印象，誤認為是基於經典外部的實在事物或事件所產生。他們除了關注經典中的言說（能指）與內心喚起的意義印象（所指）外，還試圖尋求存在於外部世界的實在對象（指涉物）。研究者逐漸形成一種信念：如果表象或意義印象是可信的，那麼它必定起源於外界的某種指涉對象，即使這種信念的依據未必穩固可靠。

作為表象根據的言說外部現實，其中一個強有力的候選者便是過去書寫經典者所指示或暗示的「過往的現實」。如前所述，基於解讀大乘經典的內容來解釋大乘佛教的諸多起源說，皆是基於對超越能指與所指的外在現實的確信。這種「真實」應該位於經典言說的外部，由經典的作者產生言說，接著研究者們又根據這些言說，從自己的意識中產生了表象。

然而，此處設定的「過去的真實」，實際上是經典言說與研究者意識之間所產生的表象。這種表象穿過假設中的經典作者的意識，透過這些作者，再從他們的意識中排出。這樣的過程經歷了兩次意識的進出（假設中的作者與研究者），不知不覺中為其套上了「過去的真實」這層外衣，但追根究柢，這仍然只是一種表象。總結來說，這個過程不過是一種同義反覆（tautology）罷了。

為了解析研究者無意識中陷入言說陷阱的過程，必須考量西方形而上學未能精確判別歷史的問題，例如語言的指標功能與表現功能之間的差異；表象及其根據與被誤認的外界之間的關係；以及如何處理在意識中如同「在場」（présence）的「現實」等重要課題（下田正弘，〈由書寫論對照佛教研究〉，《印度哲學佛學研究》二七，二〇一九年）。

復原過往的課題

在研究中存在上述問題，那麼我們應該透過什麼樣的機制，才能從「當下」留存的痕跡中讀取「過去」呢？保羅·利科從同一性、差異性、類似性三個觀點來進行分析，並駁斥前二者，最終承認第三個立場（保羅．利科著，久米博譯，《時間與敘事．卷三》，新曜社）。

關於從同一性觀點來考察歷史，根據羅賓．柯靈烏（Robin G. Collingwood, 1889-1942）的說法：過往因殘留的痕跡而得以持續活著，人們成為其繼承者，思考過往並得以「重溫」（或曰擬體驗）。當處理過往痕跡的歷史學家確信過往被思考過的內容可於當下再度被思考時，他們便是在神入（empathy）過往思考的內部，消解了過往痕跡與自身之間的屏障，終止了痕跡在物理時間上的過往性質。如果能確保這樣的同一性，那麼眼前的痕跡便等同於展示過去樣態的痕跡。

然而，此處存在兩個問題。首先，若遵循這種理解，歷史學家會意識到自己正透過文本或他人的記錄體驗未曾經歷的行為（重溫），但以我自身的體驗思考過去與透過他人記述思考過去，實際上是兩種不同的狀況，而且無適當媒介無法結合。其次，假如重溫能實現對過去事件的同一性，那麼這一行為將被其他過去事件吸收，從而消失其固有意義。重溫並非透過消除時間距離而成立，而是在過去與現在之間的時間縫隙中，透過過程、學習、結合、發展、批判等條件加以闡釋，最終形成明確的個人行為。

利科接著考察保羅．韋訥（Paul Veyne, 1930-2022）及米歇爾．德．塞都（Michel de Certeau, 1926-1986）所提出的歷史「差異性」、「異他性」（Fremdheit）立場。利科的結論是，雖然排除實體的過往，並在內心反覆斟酌在場（présence）行為，這在放棄表象上確實具有思考的價值，但不積極承認現在與過去之間的承繼意義，使其受到限制。此外，這種觀點與抽象體系的關聯，無法面對那些曾經確實存在但如今已經消逝的過去，無法起到代理的功能。

最後，利科評價海登．懷特根據「比喻論」（tropologie）明確化了歷史的敘述，這是基於「類似性」立場的歷史理論。過去的實在性，即既存性，成為問題的原因在於受限於當下無法觀察過往。雖然過去不存於現在，但在探求過往時，「類推」可以發揮作用，而類推又與同一性和異他性雙方相關，三者協同作動。所謂的過去，一方面基於同一性地重溫，但同時過去並不存在構成當下的任何物質，加上存在異他性，這樣才成為過去。因此，歷史必須提出同時滿足這兩個條件的表述。當說明事態「如……一般」的「類似性」時，同時也包含「是――」與「不是――」的對立，重溫的力量與過往保持距離的力量，皆保持在研究者自身之中。

在面對過去時，我們必須備齊以下要素：過去的存續使歷史痕跡得以存在、我們作為承繼者所擁有的傳統、以及盡可能保存的新事物。這些要素使其成為考察的對象。為了達到這一目標，我們需從重溫的同一性向異他性邁出步伐，並且針對同一性與異他性來進行辯證，採用比喻理論來深化理解。

利科的考察充滿各種比喻，對於理解佛陀存在的歷史時間以及以同一性與異他性為主題的大乘經典內容，具有相當的效用。大乘經典中的問題是：如何從留存至今的佛教痕跡追溯佛陀真理之所以成為真理的起源，這是我們面對的課題。對於這一設問，答案自然在經典中展開，解讀這些內容也將引導我們走向比喻論的探索。

關於作為大乘經典「起源」的潛意識

最後，我們將探討大乘經典自身是如何理解其「起源」的。在這裡，我們將提及德希達關於將表象的起源歸於延異的論述。

> 說這種延異是起源性的就意味著同時抹消了關於在場的起源神話。此乃為何必須在勾銷（rature）下去理解「起源」，否則的話，延異恐怕就會來自某種圓滿無缺的源頭。而無起源（non-origine）才是原初性的。（雅克・德希達，《書寫與差異》，頁四一二，部分改譯）

此一小節精彩地展現了大乘經典對自身「起源」的態度。無論是《法華經》、《般若經》還是《無量壽經》，當這些經典提及自身言說的起源時，均追溯至久遠的過去，翱翔於當下的十方世界，並跳躍至遙遠的未來，追求無數的佛陀形象，從而抹去作為歷史現象的創始佛教之釋迦「在場的起源神話」。在佛教傳統中被視為起源而在場的釋迦佛陀，因為出現新的佛陀而被覆寫。沒有比以此方式重新審視佛教過往根源更加精闢的說法了。

對於大乘經典的傳承者來說，經典究竟意味著什麼？德希達在隨後的討論中為此問題提供了一個回答。他提到，佛洛伊德認為潛意識中形成的過往心靈創傷將對當下的人們產生深遠的影響，並指出在潛意識的水平線上存在著文本。德希達追蹤並解讀了佛洛伊德的這一論述，進一步探索文本在潛意識中的角色及其對當下的意義。

> 潛意識文本已經是純印跡與差異的編織物，其間意義和力量已融為一體，是由總是、已經變成了轉譯的複數古文書所構成的文本。它在任何地方都不在場。是些原初性的蓋印。一切都始於複製。換言之，它總是、已經是一個永不在場的意義儲藏庫，其意指當下總是以延緩、追加、事後替補的方式被重建的。（同前揭書，頁四二七—四二八）

對於大乘經典的編纂者而言，佛陀的言教已經不再僅僅是承載過去言詞意義的容器，而是表面化為經典本身。這與「早期經典」所承擔的意義相似，既不是對既存之物的重提，也不是今天出現的新物，而是暗示著「不在場（présence）於任何當下的文本」。同時，承擔佛教「起源」意義的文本還可以追溯至「尼柯耶」[1]或漢傳佛教中的「阿含」，這些文本由「多部古文書所構成」，這也解釋了大乘經典為何會與早期經典共享教義和佛傳素材。然而，這些早期的「古文書」並不必然等同於起源。傳統佛教中佛陀教誨的起源，可以追溯到佛陀透過冥想而頓悟的體驗，即發生在語言之前的經驗。當這些經驗轉化為語言而傳承時，該起源便始終是「已經被轉載」的文本。

大乘經典言說的「起源」，既是意識的「起源」，也是「無意識」的模擬。所謂的無意識，並非完全不存在的意識狀態。「無意識文本」是未被形象化的，根據「純印跡與差異」，它「已經」是「編織物」。佛教的新意義透過語言所產生的經典，其起源如同冥想經驗所暗示的，存在於語言與意義之前，由「純印跡與差異」構成。這些印跡和差異作為事後的補充，便是佛教新意義的誕生之處。

三昧是一種母體（matrix），能夠產生出過往不存在的大量語彙，亦即「意義儲藏庫」。這是由安德魯・斯基爾頓（Andrew Skilton）詳細分析《三昧王經》後提出的。他將「三昧」比作「無意識的文本」，認為在三昧之中，「意義與力量統合為一」。乍看之下似乎沒有語言，但實際上卻是無數語言共存於萌芽狀態。大乘經典的編纂者們對於這種書寫性一直保持著自覺：明確變成文字的經典，常常被視為「原初性的蓋印」，是「一切都始於複製」的「轉錄」。

此處的「轉錄」意味著從潛在轉換為實際，而非從一個既存文本再引導抄錄至另一個媒介。這樣的大乘經典「其指涉的當下」，總是透過「延緩、追加、事後」來構成。而這個「當

1　譯註：梵語 Nikāya，原義是收集、集合、分類、群體等。在上座部佛教中，用來稱巴利藏中的經藏部份，相當於漢傳佛教中的《阿含經》。

下」是以「替補的方式被重構」，因此雖然「被認為是附加的」，但實際上卻是「補完的」。

實際上，在一段時期內，不斷創作出大量的大乘經典，始終展現出推陳出新的言說。觀看整體作品時，這些作品的創造都是為了「補完」先前的歷史。在這種情況下，我們可以看出一種鮮明的問題意識，即便在「起源」中存在，但至今尚未出現的佛教意義又重新回到「起源」，並在今日被視為佛陀的話語加以發掘。

至此可以清楚看出，大乘經典並不容易透過歷史研究的方法來充分解釋。這部文本探究的是佛教自釋迦以來成為歷史現象的過程。如同本文開頭所述，描繪歷史的主體意識形象化及歷史現實這一對象的形象化，皆透過媒介文本的形象化而得以成立。我們應當將其視為一種學問建構的過程。

延伸閱讀

桂紹隆、齋藤明、下田正弘、末木文美士編，《大乘佛教的誕生》系列大乘佛教二（春秋社，二〇一一年）——由日本國內外超過七十名研究者執筆的《大乘佛教系列》全十卷中的一卷。本卷乃介紹大乘佛教起源的各種學說，可以概觀學術界對大乘佛教研究的現狀。

同上系列，《什麼是大乘佛教》、《智慧／世界／語言》，建議大家也一併參考。平川彰，《印度佛教史》上、下（新版，春秋社，二〇一一年）——這是一部全面概覽印度佛教史的優秀佛教史概論。雖然其基於在家信仰與佛塔起源的理論來解釋大乘佛教的部分尚需修正，但該著作已被翻譯成英文出版，作為一部標準的佛教史仍具有相當的可信度。

古格里．修潘（Gregory Schopen），小谷信千代譯，《大乘佛教興起時代 印度的僧院生活》（*Bones, stones, and Buddhist monks: collected papers on the archaeology, epigraphy, and texts of monastic Buddhism in India*，春秋社，二〇〇〇年）——翻譯自佛教學大師的英文授課內容，其研究改變了八〇年代以降全世界佛教研究的潮流。作者完美地將考古學資料與文獻學結合，建構起古代印度佛教史，其成果相當值得注目。

專欄一
亞歷山卓文獻學　出村宮子（音譯）

西元前三世紀，古代城市亞歷山卓作為埃及托勒密王朝的首都，繁榮興盛；又因庇護來自地中海各地的修辭學、古典文獻學、歷史、醫學、數學、自然學等各類學者，而以其多元文化聞名。此地特別以荷馬研究為主，發展出相關的文獻學、文法學、解釋學等學問，這是因為該王朝的亞歷山大大帝酷愛荷馬，以其為王朝的典範，自身並以荷馬的正統後繼者自居。在追溯荷馬文獻學的成立過程中，亞里斯多德的《詩學》（*Poetica*）與零散傳世的《荷馬的諸問題》（*Aporemata Homerica*）提供了重要的證據。這些著作特別針對柏拉圖在《理想國》中對荷馬的批評，主張荷馬的史詩應當被視為與悲劇同樣具有文學價值。

往昔，托勒密一世曾與年輕的亞歷山大一同受教於亞里斯多德。為了彰顯自己的權力，托勒密將透過貿易獲得的財富投入城市的文化事業，聘請泰奧弗拉斯托斯的弟子、逍遙學派的德米特里（Demetrius of Phalerum, 350-280 BCE），以雅典為模範建設大型圖書館與稱為博物館〔Mouseion，為museum的語源，乃祭祀藝術女神謬思（Mousai）的聖域〕等研究場域。據說其藏書達到五十萬卷甚至七十萬卷，成為古代世界最大規模的文化事業。該圖書館的特徵在於以文獻文本為焦點，確定荷馬敘事詩的標準版本，並分析文學的特徵。除了收集、分類資料和製作目錄，還對原典予以校訂、加註釋、翻譯和製作複寫本等工作。托勒密八世（Ptolemy VIII）的時代，因為將許多學者驅逐出國，這一事件促使學問向羅馬帝國各地擴散，使猶太教和基督教的聖經文獻學得以發展，這種狀態一直延續至七世紀阿拉伯占領亞歷山卓城為止（野町啟，《古代的謎樣城市亞歷山卓》講談社現代新書，二〇〇〇年）。

這些原典如今已不存，但後來製作的抄本中所記載的欄外評註（scholia）仍保留了相當數量的斷簡殘篇。今日透過對這些註釋批判性的校訂，而得以傳世。雖然僅是間接資料，但根據欄外評註，我們仍可理解當時亞歷山卓文獻學的方法與特色，尤其是荷馬的研究者如阿里斯塔克斯（Aristarchus of Samos）及其後繼者澤諾多托斯（Zenódoto de Éfeso）、阿里斯托芬（Aristophanes）等人之整理。荷馬的欄外評註也可見於希臘化的流散（diaspora）猶太人斐洛所撰之聖經註解，斐洛此知名註解的影響及於《六文本合參》（*Hexapla*，舊約聖經的六欄不同文字對譯版本）與書寫大量聖經註解的奧利振等多位基督教著述家（小高毅，《奧利振》清水書院，一九九二年），這些書寫也在教會史上促成了聖經解釋的集大成。

在古典研究中，文本的校訂、研究和解釋是不可或缺的過程。如果我們同意這一點，那麼可以說，亞歷山卓文獻學對後世文學研究帶來了不可估量的巨大影響。

CHAPTER

five

第五章
古典中國的成立

渡邊義浩

古典中国の成立

一、何謂古典中國

停滯或安定

黑格爾將中國視為一個持續的帝國，並認為中國歷史的特徵就是停滯。不只黑格爾，一九八〇年代金觀濤、劉青峰的《興盛與危機：論中國封建社會的超穩定結構》（湖南人民出版社，一九八四年）中認為，中國封建社會帶有「宗法一體化結構」，在停滯中王朝週期性地反覆崩解。「宗法一體化」的定義為：當國家因農民起義而崩毀時，宗法為重建王朝提供模型，將社會再度引導回舊有的結構中，這種「超穩定系統」便是宗法一體化。在這樣的假說中，形成於儒家的「宗法一體化結構」使中國社會落入無法進步的巨大「陷阱」，將其定位成阻礙中國發展的原因。當時，日本的中國研究在戰後由馬克思主義主導，探索中國史的內源性（endogenous）發展契機，據此中國史發展階段的時代區分論爭，也因重視個別實證而逐漸停止。

在這段期間中，採用「超穩定系統」論的人認為中國前近代歷史是停滯的，並為了超越這種停滯而主張西化。這種在一九八〇至九〇年代提倡「全盤西化」的中國史理解方式相當饒富深意。透過時代區分來描繪歷史的行為，往往需要某種理念。然而，這種看待歷史的方法與前近代中國人所懷抱的歷史認知存在很大差異，他們更傾向於從懷古中尋找理想的世界。事實上，時代區分應該由生活在該時代的人們根據他們的自主歷史觀來形成。

在這種情況下所認知的理想古代，以周朝為理念，而具體時代則是漢朝。取代西元前二二一年中國首次達成大一統的秦朝，漢朝於西元前二〇二年成立，中間夾雜著王莽的新朝，分為西漢與東漢，維持了超過四百年的國祚，成為中國歷史上持續時間最長的統一帝國。當然，殷商與周朝的存在時間都比漢朝更久，這兩朝也是中國的源流。然而，商、周兩朝的領土狹小，主要只是統治其他城邦國家，並非直接統治每一個人民，因此其國家與社會的性質與後世規範的定義並不相同。

不論是「漢」民族或「漢」字的稱謂，乃是中華民族為持續尊敬被視為典範的漢朝而保留的一種象徵性表現。本章欲把此漢朝稱為「古典中國」。在歐洲將希臘、羅馬稱為古典的古代，而本文則將漢朝稱為古典中國，原因在於西方「條條大道通羅馬」的規範性，其實在漢朝也同樣具備。

古典中國與時代區分

「古典中國」的制度採用了「儒教國家」的體系，這是由東漢章帝在白虎觀會議上制定的古典中國國家制度，並結合儒家經典思想使其正統化。

中國作為統一國家的理念，可以透過《春秋公羊傳》隱公元年中的「大一統」來表達。在保障「大一統」的政策下，「郡縣」與「封建」成為相對的對立詞。面對「大一統」的障礙，即私有土地的兼併，統一的國家在政策上推行了「井田」的理想制度，並設立「學校」以將基本價值觀向國家靠攏。關於統治的正統性，「天子」這一詞與「皇帝」並用，象徵著正統性；而在面對外族威脅時，中國則秉持「華夷」的思想概念。這種中國的國家規範典型，逐步由西漢景帝開始推進的獨尊儒術與東漢所形塑的「儒教國家」構建而成。然而，當新的社會出現後，對「古典」的重新編排與詮釋便成為必然之事。

以實力統治中國的皇帝，其權力透過「受命於天」的聖天子論述來正統化其權威。為了顯示天子乃上天之子，東漢的鄭玄（一二七—二〇〇）提出冬至於圜丘祭祀昊天上帝，正月份則在南郊（京師南方的郊外）祭祀五天帝。南郊的祭天儀式在遼朝之前的所有前近代中國歷朝都得以繼承，但從漢朝至唐朝，參加南郊祭天的僅限於皇帝及少數高官。在「古典中國」中，皇帝與受其統治的人們之間，只有統治階級及那些從國家獲利的階層，對於他們所打造的共同體抱持集團意識。然而，到了北宋時期，在首都開封南郊舉行的儀式卻引發了居民的熱烈參與，並演變成華麗的慶典。或許正如國都不再設於長安和洛陽一般，從「古典中國」繼承來的各種發展，隨著時代的演進，也塑造出了唐宋變革期的特徵。

古典中國的「天」是一種超越性、不可知的自然賦予，直接賦予人類，並由主宰的神明以神祕的方式支持那些獲得天命、擁有正統地位並成為天子的個體。當天子施行仁政時，天會降下祥瑞來加以褒獎；而如果天子無道，則天會以地震、日蝕等災禍來予以譴責。這一理論是西漢董仲舒（約西元前一七六—前一〇四）學派所集大成的天人感應說，基於具有人性的神，也就是「天」作為其前提。

與此相對，宋朝以後的「天」承襲了北宋程顥（一〇三二—一〇八五）提出的「天即理」的概念，並且隨著「天理」這一概念的廣泛傳播，「天」逐漸成為賦予宇宙秩序的存在，具備了可知性和合理性。因此，中國歷史可以劃分為幾個階段：首先是「原中國」，即「古典中國」成立之前的時期；接下來是「古典中國」本身；再之後是從宋代到清代重構的「古典中國」，稱為「近世中國」。最後，隨著不再祭天的統治者孫文（一八六六—一九二五）的出現，形成了「近代中國」。本章將基於這樣的時代劃分，探討「古典中國」的形成過程。

二、從法家走向儒家

中國的統一與法家

根據考古證據，實存的中國最初王朝為殷商，接著是周，兩者均以血緣組成的氏族社會為基礎。隨著春秋和戰國時代的到來，出現了牛犁耕作和鐵製農具，生產力開始普遍提升。在這樣的背景下，秦國的「商鞅變法」帶來了重大改革，從上層結構上解體了氏族制度。儘管各國的氏族社會存在區域差異，但整體上仍朝著解體的方向發展。其中，最早解除氏族制度的秦國最終統一了中國。

天下一統的思想，最初由韓非子（西元前二八〇？—前二三三）所代表的法家完成準備工作。

昔者韓昭侯醉而寢，典冠者見君之寒也，故加衣於君之上，覺寢而說，問左右曰：「誰加衣者？」左右對曰：「典冠。」君因兼罪典衣與典冠。其罪典衣、以為失其事也，其罪典冠、以為越其職也。非不惡寒也，以為侵官之害甚於寒。故明主之畜臣，臣不得越官而有功，不得陳言而不當。越官則死，不當則罪，守業其官所言者貞也，則群臣不得朋黨相為矣。（《韓非子》二柄）

作者譯文：從前韓昭侯喝醉酒睡著了，掌帽官見他冷，就給他身上蓋了衣服。韓昭侯睡醒後很高興，問近侍說：「蓋衣服的是誰？」近侍回答說：「掌帽官。」昭侯便同時處罰了掌衣官和掌帽官。他處罰掌衣官，是認為掌衣官失職；他處罰掌帽官，是認為掌帽官越權。不是不擔心寒冷，而是認為越權的危害超過了寒冷。所以明君駕馭臣下，臣下不能越權去立功，不能說話不恰當。超越職權就該處死，言行不一就該治罪。各自司守本職，言而有信，群臣就不可能結黨營私了。

此處主張即使縱向管理效率不佳，若無法避免特定臣子橫向越權導致權力集中，那麼君主也難以實現自身的集權。從理論上來看，這是正確的，但同時也帶來了違背人性與人情的違和感。法家思想赤裸裸地強調權力的強化，展現了無視人性與人情的特質，這點在「信賞必罰」的觀念中可見一斑。

> 主之所用也七術，所察也六微。七術：一曰、眾端參觀，二曰、必罰明威，三曰、信賞盡能，四曰、一聽責下，五曰、疑詔詭使，六曰、挾知而問，七曰、倒言反事。此七者，主之所用也。（《韓非子》內儲說上）

作者譯文：君主用來控制臣下的有七種方法，所要考察危害君主的隱蔽情況有六種。君主控制臣下的七種方法：一是從多方面驗證臣下的言行；二是對犯罪者堅決懲罰以顯示君主的威嚴；三是對立功者賜予一定獎賞以使臣下竭盡才能；四是一一聽取臣下的言論以便督責他們的行動；五是用可疑的命令詭詐地使用臣下，以考察他們是否忠誠；六是拿已經知道的情況來詢問臣下以測試他們言論的真假；七是說與本意相反的話和做與實情相反的事來刺探臣下的陰謀。這七種方法，是君主所使用的。

第二點與第三點合併便是「信賞必罰」。在《韓非子》〈外儲說右上〉中，有這樣一段：

狐偃向晉文公強調信賞必罰，並要求誅殺寵臣顛頡，因為顛頡未遵守「未依期而至者處以軍法」的命令。這種說法尚可理解，畢竟臣子未能信守命令是有錯的。相比之下，第五至第七點則更教導君主透過欺瞞的手段來操控臣工。雖然秦國根據法家思想實現了天下統一，但僅僅維持了十五年便滅亡，其原因在於過度追求思想的理性與劃一性，脫離了人性與人情。

儒家的國教化

在陳勝與吳廣起義推翻秦朝後，劉邦戰勝項羽，建立了西漢帝國。劉邦採取了郡縣與封建併用的郡國制，拆解了部分氏族制，並運用黃老思想以期與民休息。這一國策亦被其子文帝和孫子景帝所繼承，最終使漢朝國力得以恢復。至其曾孫武帝時，漢朝得以北擊匈奴，西奪敦煌等河西地區，並建立了河西四郡。

隨著武帝積極推行國政，尊崇無為的黃老思想逐漸衰退。在此過程中，董仲舒的獻策促成了太學（國立大學）設立五經博士，儒教因而被視為國教，這一說法經常被提及。所謂五經博士，是指針對《詩經》、《尚書》、《春秋》、《易經》和《禮記》這五部儒家經典而設置的博士官職。總而言之，上述「功績」源於後世對班固《漢書》中對董仲舒讚美的錯誤解讀。生活在武帝時期的司馬遷（西元前一四五？—前八七）曾以董仲舒為師，但在他的著作《史記》中並未記錄董仲舒的相關事蹟。

司馬遷在《史記》中所寫的〈董仲舒傳〉共有三百一十八字，而班固在《漢書》中所作的〈董仲舒傳〉字數則增加了二十三倍，達到七千二百二十五字。增補的內容包括設置五經博士、駁斥諸子百家、提出三份獨尊儒術的奏書，這些奏書被稱為「天人三策」。從此以後的學說普遍認為，武帝非常高興並採納了這些建議，將儒術確立為國家的基本思想。然而，例如第二策中提到的康居國，直到武帝末期才首次得知其存在，因此難以說明「天人三策」是在武帝時期上奏的。

不過，武帝時期儒家興起的現象無可否認。正如首次任用儒士公孫弘（前二〇〇—前一二一）擔任宰相一事，雖然武帝深受法家思想影響，但仍重用儒家，將其視為朝廷的裝飾。然而，正因為董仲舒這位政治家未受到重用，我們才能夠更清楚地看到儒家思想的逐漸深化。

孔子所強調的人倫教誨並無法直接為天子的統治提供正當性。因此，在董仲舒出現之前，儒家思想往往不被權力者所採納，正如秦朝採用法家思想、漢初則採用黃老思想作為國家統治的核心理念。董仲舒所治的春秋公羊學將經義與現實結合，並在武帝朝的中後期開始逐漸接近權力。其學說的核心在於，隨著天子實施仁政或惡政，上蒼也會對其施政給予讚美或譴責，這便是所謂的天人感應論。

人的身體中有大關節十二處，小關節三百六十六處，這恰好對應著一年的月數和日數，而五臟六腑則與五行相對應，四肢則對應於四季。身體因此被視為一個小宇宙，人與天之間存在著不可分割的關係。因此，若天子在世間行善政，天將降下祥瑞以示褒獎；若天子無道，則天將以地震、日蝕、洪水等災異來加以譴責。由此可見，漢代儒家將上天塑造成具有人格的主宰之神，這可說是一種宗教的表現。

今文經與古文經

至西漢後半期，儒教為了使其思想能夠與漢帝國的專制統治相配合，急切需要新的經典。於是，緯書與古文經書應運而生。

經書的「經」代表著縱向的紗線，在人生中意味著生存之道；而「緯」則指橫向的紗線，縱線與橫線如同構成布料一般。為了補充經書，孔子所著的書籍被稱為緯書。當然，實際上緯書與孔子並無直接關聯，主要是在漢成帝至漢哀帝期間，由公羊學派為了向國家權力靠攏而創作的偽書。這些書籍的特徵是充滿神祕性，裡面包含類似預言的文書，被稱為符命和圖讖。前者被王莽所利用，後者則為光武帝所採用。

同時，據傳古文經書是在整理宮中文書時被發現的，因為其撰寫的文字比漢代使用的隸書更為古老，因此被稱為古文（文即字）經書。基於此，儒家經典因文字的不同而大致區分為今文與古文。此外，不僅經書的文字有所不同，例如《禮記》（今文）與《周禮》（古文）之間的差異，經書中不同的「禮」也存在差異；同樣的，《春秋公羊傳》（今文）與《春秋左氏傳》

（古文）對於經書的「傳」也有不同的解釋。針對經書的詮釋，各派的主張甚至大相逕庭。整體而言，較晚出現的古文經書更符合漢代的現實狀態，能更有效地將中央集權的專制權力正當化。因此，在古典國制的討論中，古文經學（基於古文經書的學問）占據了優勢地位。

古文經學也提出了新的主張。其中之一便是主張漢朝是堯的後裔，屬於火德國家。這一觀點源於戰國時期陰陽家鄒衍所提出的陰陽五行說，認為萬物是由陰（地、月、女等）與陽（天、日、男等）的結合所生，並由土、木、金、火、水等五行（五種要素）構成。五行之間依照土、木、金、火、水的順序相克，形成所謂的五行相勝說。與此不同，古文經學則主張依照木、火、土、金、水的順序，由前者生後者，形成五行相生說。相勝說與相生說的合併被稱為五德終始說。萬物的運行皆依此規則，國家的盛衰也可以用五德終始說來解釋。

在解釋國家興亡的五德相勝說中，文帝時期的張蒼主張「漢水德說」，而賈誼與公孫臣則認為漢朝應為土德。隨後，黃龍——土的象徵色為黃色——的出現成為契機，文帝採納了公孫臣的漢土德說。針對此情況，古文經學者劉歆（？—二三）基於五德相生說，主張漢朝為火德，並提出漢朝為堯之後的觀點。具體而言，他根據《春秋左氏傳》昭公傳第十七年的部分，將少昊納入帝王系譜，論證堯與漢朝皆為火德。劉歆的漢堯後說與漢火德說，使主張自己為舜之子孫、故具土德的王莽得以奪取西漢的正統性。為了達成這一目標，王莽的施政前提基於儒教經義，竭力塑造古典中國的制度。

古典中國的形成

中國的古典國制基於《禮記》王制篇、《周禮》與緯書，並結合以祭天儀式為核心所形成的各項儀式與禮法。推動古典國制的過程始於元帝初元三年（西元前四十六年）所上奏的請求。在成帝時期，有人提出天子祭祀天地的最重要方法為南北郊祀。經過幾次政策的波動以及哀帝時期的反動，最終在平帝元始五年（西元五年）由王莽確立了長安的南北郊祀，從而完成了古典國制的建立。

古典國制的指標具體可分為十四個項目：①遷都洛陽、②畿內制度、③設置三公、④設置十二州牧、⑤南北郊祀、⑥迎氣（五郊）、⑦七廟合祀、⑧官稷（社稷）、⑨辟雍（明堂、靈台）、⑩學官、⑪二王之後、⑫孔子之子孫、⑬樂制改革、⑭天下之號（國名）。其中，王莽所訂定的項目包括⑤南北郊祀、⑥迎氣、⑦七廟合祀、⑧官稷（社稷）、⑨辟雍（明堂、靈台）等。

王莽自元始四年（西元四年）開始推動後世所謂「元始故事」（又稱元始之制）的禮制改革。元始四年，他建設了⑨辟雍、明堂和靈台；而在元始五年，則確立了⑤南北郊祀、⑦七廟合祀，並定義了⑥迎氣，設立了⑧官稷。這些「元始故事」中，對後世影響最大的是⑤南北郊祀與⑦七廟合祀。

對於最重要的⑤南北郊祀，王莽根據《周禮》大司樂篇的規定，於冬至在南郊祭天，夏至在北郊（即都城以北的郊外）祭地，而在正月則於南郊合祭天地。此外，天子在舉行⑦七廟合祀時，設置世世不毀的宗廟，這是依據劉歆的主張，其論述根據為《春秋左氏傳》。王莽根據古文經書的經義來正統化古典國制，旨在藉此舉措形塑古典中國的制度。

基於儒家學說統治國家的三大支柱為「封建」、「井田」和「學校」。王莽在建立新朝後，實施了五等爵的「封建」，旨在將中央官制序列化，並使地方官職世襲化。在「學校」方面，他在太學設置了古文經學博士，致力於宣揚和普及《周禮》與《春秋左氏傳》。而「井田」則是土地均分與共享的儒家理想。記錄周朝井田制的文獻中，《孟子》最為知名。王莽的「井田」政策被稱為王田制，以周朝的井田制為典範，並於其即位翌年的始建國元年（西元九年）開始實施。

王莽以古文經學為核心制定了中國的古典國制，致力於進一步正統化經義，從而形成古典中國。同時，他也依據古文經書來正統化自己的權力，並籌劃接受自漢朝的禪讓。而承擔這一政治任務的，同樣是古文經學。

經學與符命

王莽於居攝三年（西元八年）自稱為黃帝與虞舜的後裔，並宣布漢朝屬於火德。同月，他即位，改年號為初始，定國號為新。翌年的始建國元年，王莽宣布漢朝為堯之後裔，並以堯舜的革命為範本而開啟漢新革命。

予之皇始祖考虞帝受嬗于唐，漢氏初祖唐帝，世有傳國之象，予復親受金策於漢高皇帝之靈。（《漢書》王莽傳，中）

作者譯文：我的皇始祖考虞帝〔舜〕接受唐帝〔堯〕的禪讓。漢朝的祖先唐帝〔堯〕，代代有傳國之象，漢高祖皇帝之靈還親自授予了我金策〔漢朝禪讓天下的命令〕。

此文章中兩種正統性混合，一種是基於經書解釋、仿效堯舜革命而推動漢新革命的正統性，另一種是藉「金策」而表現的神祕超越性。

自稱為舜後裔的王莽，以堯舜革命為準則，藉此完成漢新革命的正統性，所依據的典範是《春秋左氏傳》。然而，僅靠《春秋左氏傳》，王莽並無法成功奪權，他必須透過《春秋左氏傳》予以合理的解釋，並依賴神祕的緯書提供預言。當時，古文經學僅有劉歆等少數學者在持續研究。如果沒有依賴漢朝知識分子中廣為流傳的預言等宗教性思想，王莽無法完成他的革命。

因此，王莽的革命被稱為「符命革命」。所謂的符命，通常指的是伴隨著「符」（某種祥瑞）出現的「命」（上天的預言）。這些符上記載的天命，顯然是受王莽意圖影響者刻意塑造的表象。儘管這種符命與古文經學屬於不同的流派，但同樣承擔著根據天命而進行革命、確保政權正統化的角色。

在王莽致力於將古典國制正統化的元始五年（西元五年），人們在井中發現了一塊白石，上面刻有「告安漢公莽為皇帝」的字樣，這被視為符命的起源。王莽隨即命令其他臣子向太皇太后王政君（元帝的皇后，也是王莽的姑姑）奏報，但太皇太后卻表示：「此誣罔天下，不可施行！」

在這裡，太皇太后以否定的態度看待符命，認為這是「誣罔天下」，這一點相當值得關注。雖然王莽的革命達到了被稱為「符命革命」的程度，但並非完全依賴符命。如果僅僅依靠符命，是無法壓制以太皇太后為首的反對派。王莽的革命不僅依賴符命，還基於《春秋左氏傳》等古文經學的經義，加上構建的漢為堯後及王莽為舜後的理論基礎，兩者相互補充，才能取得成功。單靠理論無法登上由上天加持而正統化的天子地位，這也是古典中國中儒家思想必須帶有神祕性和宗教性的原因。

對圖讖的尊重

王莽建立新朝後，採取激進的方式，迅速推行基於《周禮》的國家制度改革政策。此外，他在外交上依據華夷思想，對匈奴與高句麗強加「降奴服于」與「下句麗侯」的稱號，這導致了對方的反叛。在這場混亂中，赤眉之亂乘勢而起，最終導致新朝在建國後十五年便迅速滅亡，光武帝劉秀隨之重興漢室。

建立東漢的光武帝遵循中國的古典國制，遷都洛陽，並剝奪功臣的軍權，使其專注於學習儒術。光武帝尊崇儒術，不僅因為他親自修訂《尚書》，還使儒術在確立當時國家正統性上扮演了重要角色。

王莽利用原本就興起於漢朝的讖緯思想（相信緯書預言的神祕思想），特別是巧妙利用了伴隨祥瑞出現的符命。光武帝也同樣利用了名為《赤符伏》的圖讖（預言），內容為「劉秀發兵捕不道，四夷雲集龍鬥野，四七之際火為主」，並據此即位。亦即當時不依靠讖緯思想，則國家無法安定。

此，光武帝整理緯書，僅將支持東漢正統性的部分昭告天下，並尊重自己認定的儒術（包含讖緯思想）為支持漢朝統治的唯一正統思想。他不僅要求功臣學習儒術，還運用鄉舉里選（官僚任用制度）來讓豪族學習有助於漢朝正統化的儒術。結果，東漢在制度上不僅尊崇儒術，例如在太學設立五經博士，儒術也深入滲透至官僚與豪族的生活中，將原本用以支持政權正統性的儒術應用於政治統治的場域，形成了「儒教國家」。後世的儒生，如明清時期的考證學者，將東漢基於儒術的統治形式視為理想中的國家，因而對光武帝給予了極高的評價，這正是原因所在。

然而，將東漢以外的政權視為正統的其他讖緯思想仍未消失。例如，在公孫述統治的蜀地，依然流傳著「代漢者，當塗高」的預言。在東漢末期群雄逐鹿之際，最初稱帝的袁術便以「當塗高」中的「塗」與自己的字「公路」中的「路」相聯繫，藉此正統化自己的即位。曹操之子曹丕在接受東漢的禪讓，建立魏國時，也利用了「代赤者，魏公子」和「當塗高者，魏也」等讖文（預言）。同時，在蜀漢衰退之際，譙周也主張取代漢朝的正是「當塗高者，魏也」。從建立蜀漢的劉備和諸葛亮的角度來看，光武帝高明地利用讖文說服各方，無疑是一位令人尊敬的人物。

三、完成儒術的國教化

樹立規範

東漢的「儒教國家」面臨的問題是，如何調整王莽時期興起的古文學與後漢官學的今文學之間的經義。推翻王莽、光復漢室的光武帝劉秀，為了與支撐王莽正統性的古文經學對抗，選擇推廣今文經學。然而，在作為統治國家的政治思想上，特別是在擁護強大君主權力等論述方面，後來出現的古文經學顯然更為卓越。此外，古文經學在學術上對於訓詁（古典文學的解釋）更具優勢，這一點同樣不容忽視。

為為此，東漢的章帝模仿西漢的宣帝舉行石渠閣會議，並召開了討論雙方見解、確認今文經學正統性的白虎觀會議。會議的討論結果由《漢書》的作者班固彙整成為《白虎通義》（簡稱《白虎通》）。

白虎觀會議於建初四年（西元七十九年）舉行，形式上由十餘名奉章帝召集的儒生對經義中的疑義來進行討論，並由章帝親自裁決。根據彙整的討論結果，《白虎通義》中對於首都的相關規定如下：

王者必即土中者何？所以均教道，平往來，使善易以聞，為惡易以聞，明當懼慎，損於善惡。《尚書》曰：「王來紹上帝，自服於土中。」

作者譯文：王者的京師，為何必定得選擇土中（中國的中心）？這是因為可以均衡地推動教化道德，人員物資往來便利，易回報善行與惡行，昭告天下應當戒慎與畏懼什麼，損惡益善。

《尚書》中所記的「土中」指的是西周的東都洛邑（即漢朝的洛陽）。《白虎通義》在《尚書》中探討「土中」的根據，透過儒教經義來正統化東漢定都洛陽。在此之前，例如定都這類事情並未利用作為國家政策的儒術來進行正統化。當然，在白虎觀會議中，不僅訂定了首都的位置與古典國家制度，還明確宣示了君臣、父子、夫婦的「三綱」，以及以諸父、兄弟、族人、諸舅、師長、朋友為核心的「六紀」倫理秩序的善惡標準。這是首次透過經書正統化、確立古典中國的國家與社會規範。

因此，中國的古典國家制度和區分善惡的基礎社會規範，於景帝時期的白虎觀會議中得以正統化。根據白虎觀會議的思想內容所建立的儒家體制，已制度性地確立了獨尊儒家的體系，並完成了從中央到地方官僚皆接受儒家思想的滲透過程。此外，自章帝時期開始，正式採取了基於儒家思想的統治方式，即「寬治」（以儒術為媒介，利用豪族勢力進行寬鬆的統治）。

這麼一來，章帝時期形構了東漢的「儒教國家」，「古典中國」的形制由儒術加以規範，完成了所謂的「儒教國家化」。

圓融的體系

東漢章帝時期成立了「儒教國家」，確立了古典中國的基本形制。隨後，東漢逐漸陷入外戚與宦官專權的狀態，國勢也逐漸衰退。同時，經學作為在野的學術研究，尤其是古文學，仍在持續發展，並出現了如鄭玄的老師馬融以及撰寫漢字解說書《說文解字》的許慎等學者。即便如此，東漢在桓帝時期的黨錮之禁中，壓制反對宦官的儒教官僚，將其視為惡黨，最終導致朝廷的崩潰。靈帝時期，太平道興起，崇拜屬於黃老思想體系的神明「中黃太乙」，並進一步發展為黃巾之亂。這場農民起義由馬融的弟子、劉備的師父盧植提出計謀平定，但時代已然步入「三國志」的時期。

在此期間，集古典中國經學大成者是鄭玄。鄭玄在漢朝絕對善的崩潰過程中，透過對經典的「圓融體系」解釋，建立了絕對的正確性，並試圖為後來的國家與社會留下理想國家的典型。在這樣的努力中，鄭學作為代表古典中國經義的學派逐漸形成。

鄭學的精華在於規範天子祭天的「六天說」。鄭玄根據「六天說」解釋了為何被人們認為會永垂千秋的「聖漢」會走向滅亡。他主張，「聖漢」的終結並不意味著將會建立以信仰中黃太乙等非儒教宗教或價值觀為基礎的國家。鄭玄根據六天說指出，取代漢朝的國家必然也會基於儒家思想。

鄭玄的六天說以「感生帝說」為前提。感生帝說是指，受命於天的建國始祖在出生時必定有不尋常的現象，其母親必然感受到異常之處，進而孕育出帝王。鄭玄以周朝的始祖后稷為例，傳說他的母親姜嫄在踩到巨人的腳印的拇趾部分時受孕，這說明了后稷是留下足跡的感生帝（上帝、天）之子。根據緯書，這位留下足跡的神祇名為「蒼帝靈威仰」。從中可以看出，緯書的宗教性支持了鄭學的神祕性。周朝是由守護周的神明，也就是蒼帝靈威仰留下足跡，再由姜嫄踏上拇趾痕跡而生下的感生帝后稷所建立的，因此周朝乃是后稷承接天命而建的國家。因此，周朝的滅亡也意味著蒼帝靈威仰的保護結束。

另一方面，儒教的最高神明「昊天上帝」與周朝的興衰無關，始終保持其君臨地位。周朝為木德，象徵色為青（綠），而漢朝則為火德，象徵色為赤。劉邦以感生帝和守護神赤帝赤熛怒為基礎建立漢朝，取代了周朝。如果漢朝持續失去天命，那麼根據五行的順序，接下來將會出現承繼「黃帝含樞紐」——土德，象徵色為黃色——的感生帝，即受天命者。因此，這個人絕對不會是否定昊天上帝的張角。

在鄭玄的六天說中，除了至高之神昊天上帝之外，還包括司五行、歷代帝王的受命帝——蒼帝靈威仰、赤帝赤熛怒、黃帝含樞紐、白帝白招拒以及黑帝汁光紀等五帝，形成一套擁有六種天帝的思想體系。鄭玄將對上天的祭祀大致分為兩類：於圜丘（象徵天的圓形祭壇）祭祀昊天上帝，而五天帝則於南郊祭祀。在正月的南郊祭祀中，王者的祖先，即由感生帝降生的始祖——周朝的后稷和漢朝的劉邦會舉行配侑（配食、祔祭）。同時，還會祭祀五天帝，周朝的守護神為蒼帝靈威仰，而漢朝則為赤帝赤熛怒（南郊祭天）。此外，在冬至時也會於圜丘祭祀昊天上帝（圜丘祀天）。

根據此論述，鄭玄解釋了漢朝滅亡的原因，以及取代漢朝的國家如何受到儒教上天的保護。依據六天說，預言將出現「取代漢朝的朝代」。因此，中國的國家便擁有了自己的原型，這正是古典中國的核心。

延伸閱讀

渡邊義浩，《「古典中國」的形成與王莽》（汲古書院，二〇一九年）——構成本章基礎的專門研究書籍。參閱本書可以進一步理解本章的更詳細內容。

渡邊義浩，《漢帝國：四百年的興亡》（中央公論新社，二〇一九年）——包含漢帝國的政治進程在內，說明漢朝如何形成古典中國的新作。

渡邊義浩，《「古典中國」的文學與儒教》（汲古書院，二〇一五年）——討論關於古典中國中的儒教如何形成文學。

渡邊義浩，《「古典中國」的小說與儒教》（汲古書院，二〇一七年）——魯迅將《世說新語》與《搜神記》定位為小說，本書就從此二書展開，描述古典中國的存在形式。

程艾蘭（Anne Cheng）著，《中國思想史》（*Histoire de la pensée chinoise*，志野好伸、中島隆博、廣瀨玲子譯，知泉書館，二〇一〇年）——程艾蘭為研究東漢何休（公羊學）的專家，因此本書可作為理解漢朝思想的引介。

CHAPTER

six

第六章

佛教與儒教的論爭

中島隆博

仏教と儒教の論争

一、佛教的傳入

東漢的佛教

本書第五章的作者渡邊義浩詳細闡述了「古典中國」，即「儒家國家」的國家制度是如何建立的。然而，當東漢大儒鄭玄將「儒教國家」的正統性理論匯集成大成，並論證未來取代漢朝的國家也必將以儒家學說為基礎時，實際上，已經有足以動搖這一論述的思想出現，那便是佛教。

一般認為佛教是在東漢傳至中國，以東漢第二位皇帝明帝（在位期間五七—七五）的紀錄最為知名。根據《牟子理惑論》中的〈感夢求法說話〉記載，明帝夢見一位金光閃耀的「金人」在宮殿上空飛翔，得知該金人即為佛陀，於是派遣使者前往西方尋求佛法，並抄錄《四十二章經》。使者歸來後，明帝於洛陽興建了白馬寺，作為供奉佛經之處。此外，據《後漢書》〈光武十王列傳〉記載，當明帝的異母兄楚王劉英（？—七一）被懷疑有謀反之意時，明帝在下達的詔書中提到：「楚王誦黃老之微言，尚浮屠之仁祠。」所謂黃老，是指以傳說中的黃帝和老子的思想為基礎的統治術與長生不老之術，這一思想於西漢時期盛行。而「浮屠」則是佛陀的另一稱號。由此可見，楚王劉英在面對東漢「儒教國家」政策時，實際上懷抱著另一套不同的思想體系。

佛教與道教

如渡邊義浩所述，在東漢第三位皇帝章帝（在位期間七五—八八）時期，漢朝成為了「儒教國家」，之後鄭玄的儒家理論發展得更為洗鍊。然則，鄭玄活躍的時期是第十一位皇帝桓帝（在位期間一四六—一六八），根據《後漢書》〈孝桓帝紀〉，當時「設華蓋以祠浮圖、老子」。根據程艾蘭的《中國思想史》〈第十四章：佛教來華之初〉，彼時洛陽已設有譯經所，而且有來自安息帝國、斯基泰（Scythia）、印度等地之外來僧人等給予指導，桓帝時期（西元一四八年前後），安息帝國僧人安世高來到洛陽，大約停留二十年，譯經（如《安般守意經》、《阿毘曇五法行經》等）、推廣佛教思想和培養中國的僧侶。

程艾蘭進一步指出，漢朝對佛教的關注主要集中在靈魂不滅、輪迴與業障等問題上。這些思想背景與道教的「承負」觀念有關，亦即祖先所犯的過錯將報應於子孫的觀點。此外，輪迴的概念也被納入道教信仰的框架來理解，認為若肉體達到靈性境界，便有可能獲得永生。如果真如此，那麼在「儒教國家」成立的同時，佛教與道教思想交融的另一種思維模式也開始呈現。

二、魏晉玄學

王弼的「無」

東漢滅亡後，中國興起了一股新的哲學運動，即玄學。「玄」的概念源自《老子》第一章的「玄之又玄，眾妙之門」，意指深邃且神祕的事物。玄學的理論依據是被稱為「三玄」的經典：《莊子》、《老子》和《易經》，這些經典共同探討「玄」的本質。這一學說起源於東漢末年，正如前文提到的桓帝時期，當時桓帝為了罷黜外戚梁冀的專權，發動了一場大規模的政治肅清運動，結果導致宦官掌握了實權。反對這一局面的清廉士人發起了「清議」，即清廉士人的反對運動，但最終遭到鎮壓。於是，許多士人退出了政治舞台，轉而專注於「清談」。為了批判「儒教國家」的體制，他們轉向道家和道教的思想，並因此引用了《莊子》、《老子》和《易經》這些經典作為思想依據。

玄學從魏盛行至西晉，其中王弼（二二六－二四九）所提出「無」的形而上學相當重要。王弼思想最大的特徵在於，他認定「無」是萬物的根源。《老子》第四十章說「天下萬物生於有，有生於無」，王弼對此解釋為「有之所始，以無為本」，將「道」與萬物的關係整理為：「本」（根本）之「無」與「末」（末梢）之「有」。

「無」，是無法更進一步切分、細究的終極依據。王弼的概念中「無」並非僅是「沒有」

或「不存在」，而是一種終極依據。在此定義下，若能回歸「無」便可取得所有的依據，故得「全有」。「無」的形而上學，反而成為世界上各種事物的本質，強大地支撐起「理」。

郭象的「自然」

玄學反過來凌駕於其他學說之上，具備了解釋世界的力量。這種傾向在西晉郭象（約二五二—三一二）為《莊子》作注後益發增強。郭象否定類似王弼主張之形而上學的「無」，認為一切都生於自然。

> 無也？則胡能造物哉？有也？則不足以物眾形。故明眾形之自物而後始可與言造物耳。（中略）故造物者無主，而物各自造，物各自造而無所待焉。（《莊子》齊物論注）
>
> 作者譯文：無既已是無，便無法生出有。既然是有，便無法更進一步生出其他形式。那麼，是誰使生出現？生，是獨自、自然而生。（中略）萬物乃自生而出，並非由某處生來。

如果是史賓諾沙（Baruch Spinoza），他可能會稱這種思想為「自因」（causa sui）。那麼，這種萬物自然而生的觀念最終會走向何處呢？郭象認為，事物或人類的「性」就是「自然」，並在此基礎上提出「夫仁義者人之性也」（《莊子》天運注），並進一步解釋「夫仁義自是人之情性也，但當任之耳」（《莊子》駢拇注）。透過他的「自然」哲學，郭象直接肯定了儒家秩序中代表性的「仁義」觀念，認為這些都是人類自然本性的一部分，只需順應自然即可。

以「清談」聞名的「竹林七賢」之一的嵇康（二二三—二六二），主張應「越名教而任自然」（嵇康《釋私論》），即否定儒家所認定的現實世界秩序——「名教」。他強調的是在社會制度尚未出現之前的人類「自然」狀態，這種與儒家秩序相對立的態度，成為玄學發展的一個總體歸結。

三、華北與江南的佛教

華北的佛教

魏晉之後，中國政權分裂為南北兩部分，形成華北與江南兩個不同的文化圈。在這個過程中，佛教逐漸發揮了重要的影響力。

華北建立的是由非漢民族統治的王朝。為了證明其政權的正統性，與儒家相比，佛教思想顯得更為合適。據傳，佛圖澄（二三二—三四八）出生於庫車，後來深受後趙開國君主石勒（在位期間三三〇—三三三）及其姪兒、後趙第三位皇帝石虎（在位期間三三四—三四九）的尊崇，兩人皆向佛圖澄諮詢國政事務。佛圖澄也以其神通力引發了許多神祕的「神異」現象。

道安師從佛圖澄（三一二—三八五），最初他試圖透過道家和道教的觀點來理解佛教。此種理解在形式上即是翻譯，過往也被稱為「格義佛教」，這種翻譯既非意譯也非音譯，而是將意義融入中國文化系統中的翻譯形式。舉例而言，涅槃（Nirvana）被譯為「無為」；真如（Tathātā），亦即事物原本的樣態被譯為「本無」。但之後便不再採行此法，一如漢朝以降編纂了蒐羅漢譯佛典的《綜理眾經目錄》，最終並創立了彌勒信仰。

道安的事蹟中有一點相當重要，即建言聘請鳩摩羅什（三四四—四一三）。雖然道安活著時此事並未實現，但日後鳩摩羅什於西元四〇一年抵達長安，與眾多僧侶們一同翻譯大量佛經。如果把唐朝玄奘（六〇二—六六四）翻譯的佛經視為新譯，那麼鳩摩羅什的版本便是舊譯，而較鳩摩羅什更早的版本則稱古譯。不過今日仍大量使用鳩摩羅什翻譯的概念，可說他的譯本給佛典漢譯帶來決定性的影響。鳩摩羅什的譯經甚至可說正式將大乘經典帶入中國。其中包含淨土宗經典的《法華經》、《維摩經》，以及討論「空」概念的中觀學派（又稱「空宗」）之《百論》、《中論》與《十二門論》等經典。

江南的佛教

那麼，江南佛教的情況又如何？此處肯定得提及的，便是東晉時期活躍於廬山的慧遠（三三四年—四一六）。慧遠乃前述道安的弟子，道安被前秦的符堅（在位期間三五七—三八五）帶往長安後，慧遠前往江南進入廬山，他師承道安的彌勒信仰，創始淨土一派的阿彌陀佛信仰，並協助翻譯「說一切有部」的經典。此派思想與鳩摩羅什帶來的中觀派相互對立。即便如此，慧遠仍與鳩摩羅什有書信往來，並派遣自己的弟子道生（三六〇—四三四）前往長安拜會鳩摩羅什，參加該處的翻譯小組。這位道生的思想上某些部分不同於鳩摩羅什所重視的中觀派，認為所有存在者皆具佛性，皆可獲得救贖，主張頓悟說，以不同的佛教理解推廣教義。

回到慧遠，他最為人所知的著作是《沙門不敬王者論》。此文的背景是當時圍繞僧人是否應該禮敬皇帝所展開的爭論。這場爭論自東晉時期以來便斷斷續續地出現，而慧遠所捲入的是發生於東晉第十位皇帝安帝（在位期間三九六—四一九）元興元年（西元四〇二年）的元興論爭。根據遠藤祐介在《六朝時期佛教受容之研究》中對這場論爭的詳細討論，這場爭論是在當時的政治強人桓玄（三六九—四〇四）即將奪取皇權之前發起的，慧遠與王謐（三六〇—四〇八）成為了論爭的雙方。王謐主張：「君臣之間的禮敬，理已盡於名教。今僧人既非王侯之臣，故禮敬應廢除。」（王謐《公重答》，《弘明集》卷十二）。那麼，對此，慧遠又是如何主張的呢？

> 是故凡在出家。皆遯世以求其志。變俗以達其道。變俗則服章不得與世典同禮。遯世則宜高尚其跡。（中略）是故內乖天屬之重而不違其孝。外闕奉主之恭而不失其敬。（慧遠《沙門不敬王者論》〈出家〉，《弘明集》卷五）

作者譯文：出家者大家都是遁離塵世追求其志，透過改變世俗習慣以達其道。所謂改變世俗習慣，即服裝與禮節皆不同於俗。遁離塵世，是為了提高自身的修行。（中略）因此，（出家的僧侶）對內雖背離屬於天道（親子關係）的重要人倫，但並不違反孝道。雖然對外欠缺侍奉君主的恭，但並不失去敬。

慧遠的主張略與王謐不同。王謐針對君臣關係的有無，討論是否需要禮、敬，與此相對，慧遠認為僧人出家「變俗」，亦即強調改變世俗習慣的意義。慧遠的論述提醒人們，禮是規範同一共同體的世俗習慣，而僧人屬於不同的共同體，因此例如服裝等，都遵循與世俗不同的禮儀。

這裡顯示出的，是關於僧俗兩個不同共同體在天下之下如何認知「禮」的論爭。這個問題在後世依然不斷被提出。基督教傳入中國後，也曾出現類似的情況，即在對中國皇帝的禮儀與對羅馬教皇的禮儀中，究竟哪一方應居於上位的典禮論爭（十七至十八世紀）。這類論爭涉及的是「國中之國」的概念，還是多元化的社會？這樣的論辯不斷鍛鍊我們對社會的想像力。

慧遠的神不滅論

慧遠提起的另一個議論主題是「神不滅」。「神」指的是人類知性的、神祕的部分，魂與心屬於此類。「形」就是身體，隨死亡而消逝，而「神」是否也隨身死而滅去，這成為佛教與儒教論爭中最尖銳的爭議點。對此慧遠提出了「形盡而神不滅」，其論述如下。

答曰：夫神者何耶？精極而為靈者也。（中略）莊子發玄音於大宗曰：「大塊勞我以生，息我以死。」又以生為人羈，死為反真。此所謂知生為大患，以無生為反本者也。文子稱黃帝之言曰：「形有靡而神不化，以不化乘化，其變無窮。」莊子亦云：「持犯人之形而猶喜之。」若人之形，萬化而未始有極，此所謂知生不盡於一化，方逐物而不反者也。二子之論，雖未究其實，亦嚐傍宗而有聞焉。

作者譯文：答曰，神究竟為何？就是精極而靈妙之物。（中略）莊子在大宗師篇中討論過玄妙，「大塊即宇宙，因為生而使我們受苦，因為死而給予我們休息。」「生是桎梏，死為反真」。這些都說明生是大患，無生，亦即死，乃返回原本的狀態。文子陳述皇帝的話語，「即便形滅，神也沒有變化。沒有變化的東西可以駕馭變化，因此其變化無窮。」莊子也這麼說過「雖然盜得人的型態而出生可喜，但人的型態變化萬千，因此沒有終極的相態。」換言之，生不是一次變化便窮盡，而是不斷追逐各種東西，沒有回頭的相態。莊子與文子的理論是否真實並未被探究，但基於重要的事物，曾有耳聞。

論者不尋方生方死之說，而惑聚散於一化；不思神道有妙物之靈，而謂精粗同盡，不亦悲乎？火木之喻原自聖典，失其流統，故幽興莫尋。（中略）

作者譯文：然而，你不考察莊子的生死之說（或者即便採用），誤解為（氣的）集散只發生一次變化。不認為神是靈妙的，而認為精妙的神將與粗雜的形一同消滅。這是多麼可悲的事情。用你所提到的火與木來做比喻，這原本出自（《莊子》等）經典，因為失去正確的傳承，所以無法尋得幽玄的意義。

火之傳異薪，猶神之傳異形。前薪非後薪，則知指窮之術妙；前形非後形，則悟情數之感深。（中略）惑者見形朽於一生，便以為神情俱喪，猶睹火窮於一木，謂終期都盡耳。（慧遠，《沙門不敬王者論》〈形尽神不滅〉、《弘明集》卷五）

作者譯文：火傳到薪柴上，就像神傳到形上一般，火傳到別的薪柴上燃燒得更廣遠，就如同神轉移到別的形上。然而，無法理解的人只見到形僅在一種生上，而且趨於毀朽，認為無論神或情也一同立刻消喪盡。這種想法就像看見火從一棵樹上消失，就認定火永遠消失了一般。

這段問題中所成立的論述是，對慧遠發問的人根據《莊子》主張「形」滅則「神」亦滅。

對此慧遠則從其他角度解釋，力主「神」不滅論。慧遠議論的重點在於「傳」，如火反覆從薪柴傳至薪柴一般，「神」亦反覆從「形」傳至「形」，火與「神」皆不會消滅。重點即是，從可傳承性與可重複性來討論「神」。此說法也是對輪迴的一種強有力解釋。與其說魂魄以實體輪迴，不如可以主張只有「神」的形式更具重複可能性，藉此加以探討。

正因為如此，慧遠亦強調經典的正確傳承。無論是中國的經典抑或佛教的經典，皆須正確傳承其「幽玄的意義」。此與「神」的傳承、重複乃同樣道理。慧遠的議論暗示對文本的解釋、魂論或者心論皆為一體。

四、神滅不滅論爭

范縝的神滅論

關於「神」是否滅亡的爭論，在慧遠之後變得愈加激烈，最終發展成為所謂的「神滅不滅論爭」。這場論爭主要橫跨南朝的齊與梁兩個朝代，特別是在庇護佛教的梁武帝（在位期間五〇二—五四九）統治時期最為激烈。該論爭的成果由梁朝的僧祐（四四五—五一八）彙編成共十四卷的《弘明集》（五一八）。

神滅不滅論爭的核心人物是著有《神滅論》的范縝（約四五〇—五一〇）。范縝主張「形」

滅則「神」滅。他提倡的前提原理為「形神相即」，也就是形神相互依存，不可分離之意。對「體」（本體）而言「形」、「神」是一體的兩面，前者稱為「用」（作用），後者稱為「質」（實質），舉具體的例子來說就是「利」（銳利）與「刀」。

神之於質，猶利之於刃。形之於用猶刃之於利。利之名非刃也，刃之名非利也，然而舍利無刃，舍刃無利。未聞刃沒而利存，豈容形亡而神在也？（范積，《神滅論》，《弘明集》卷九）

作者譯文：神與質的關係，就如鋒利與刀之關係。形與用的關係，正如刀與鋒利的關係。那麼，鋒利之名並非刀，刀之名亦非鋒利。然而（雖然類似這般鋒利與刀在名稱上相異），但捨去鋒利則不為刀，捨去刀就不存在鋒利。從未聽過沒有刀卻存在鋒利，故無形如何能存在神呢？

與慧遠所用的火與薪柴譬喻不同，我們留意此處范縝所舉的例子：銳利與刀，可以對應到「用」與「質」，作為成雙的概念定義。此成雙概念有如亞里斯多德的形式（eidos）與質料（hyle）。此二者「相即」（相互依存），也就是說法上雖不同，但實質上可說乃同一事物。

在此前提下，范縝作出如下結論。

神即形也，形即神也。是以形存則神存，形謝則神滅也。（同上）

作者譯文：神即是形，形即是神。因此形若不存在神也不存在，形若衰亡則神也將消滅。

雖然如此，事情並非如此單純。正如亞里斯多德在《靈魂論》中論述「知性」（nous）能夠「離存」，即知性可以脫離身體而獨立存在。同樣，在「神」的作用中，與知性相關的部分也可能難以完全符合「形神相即」的理論。在某些情況下，形與神的相依理論無法有效適用於知性的作用。這類情況可以這樣理解：

問曰：是非之慮，不關手足，當關何也？

答曰：是非之慮，心器所主。（同上）

作者譯文：問：判斷是非的思慮若與手、足不相關，那該與何部位相關？答：判斷是非的思慮，乃由心器，亦即心臟所主宰。

最難處理的是「心器」的問題。為了保持「形神相即」，思考的作用必須對應於某種「形」。因此，范縝提出了心臟作為思慮的載體，稱之為「心器」。然而，在這種框架下，思慮便和其他感覺器官，如眼、耳、鼻、口一樣，被限制在特定的器官上發揮作用。這樣的定義一方面無法解釋思慮的無限性，另一方面也將眼、耳、鼻、口等知覺與思慮完全割裂開來。接下來的論點尖銳地指出了這種論述中的困境。

問曰：慮體無本，故可寄之於眼分；眼自有本，不假寄於他分。

答曰：眼何故有本而慮無本？苟無本於我形，而可遍寄於異地，亦可張甲之情，寄王乙之軀；李丙之性，托趙丁之體。然乎哉？不然也。（同上）

作者譯文：問：思慮本身沒有可憑藉之物，所以可以寄託在眼睛上，眼睛自身有視覺的基礎，故不能寄託於其他器官。答：為何眼睛有憑藉之本而思慮沒有呢？若〔思慮〕不憑藉在我身上，而能憑藉在任何其他地方，則甲的情感可以寄託在乙身上，丙的性情可以寄託在丁的體中。果真如此嗎？並不是。

提問者認為，思考可以同時作用於眼、耳、鼻、口的感知上，這是因為思考沒有實體作為憑藉，也就是沒有基質，因此其功能並不受特定限制。對此，范縝的回應頗具深意，提出了關於「他人身體」的論點。也就是說，如果思考沒有實體，可以「寄託」在任何地方，那麼是否也可以寄託於他人的身體？范縝指出，這樣的推論是否顯得過於奇怪？若僅從辯論的優劣勢來看，范縝在此提出的觀點是，思考並非依附於眼、耳、鼻、口的感知，而是依附於「心器」發揮作用，這樣的回應似乎也頗為出色。不過，范縝大概也意識到「形」「神」議論的核心問題在於他者論，因此他進一步思考「神」的無限制性，探討靈魂或心是否依附他人仍能發揮作用，抑或魂魄之間是否可以交流。

對范縝的批評

許多好佛士人皆對范縝做出批評。他們利用儒教的素養補強思想，質疑范縝。其中一人便是蕭琛（四八〇—五三一），他是范縝的表弟，關係親近，但蕭琛站在擁護佛教的立場，幾乎通篇批評《神滅論》。其中關於思慮的問題蕭琛提出如下批判。

> 心為慮本，慮不可寄之他分，若在於口眼耳鼻，斯論然也。若在於他心則不然矣。耳鼻雖共此體，不可以相雜，以其所司不同，器用各異也。他心雖在彼形，而可得相涉，以其神理均妙，識慮齊功也。故《書》稱：『啟爾心，沃朕心。』《詩》云：『他人有心，予忖度之。』齊桓師管仲之謀，漢祖用張良之策，是皆本之於我形，寄之於他分。何云張甲之情，不可托王乙之軀；李丙之性，勿得寄趙丁之體乎？（蕭琛，《難神滅論》、《弘明集》卷九）

作者譯文：范縝的《神滅論》說：「心臟是思慮的根本，思慮無法依存於其他部分」。這個說法在口眼耳鼻上可以成立，但卻無法套用於其他人的心。耳或鼻雖共有此身體，但不會相互混雜，因為他們器官作用不同，各有所司。但他人的心雖位於他人的形體上，卻可以互相交涉。這是因為神的原理在彼此形體上都如此精妙，思慮的機能在彼此的身上都起到作用。因此，《書經》說：「敞開你的心泉來灌溉我的心。」《詩經》道：「別人有什麼心思，我能揣測出。」齊桓公遵從管仲的謀略，漢高祖採用張良的策略，這都是基於自身形體的思慮，依存於他人部分的結果。所以，為何說張甲的情感不可以寄託在王乙身上，李丙的性情不可以寄託在趙丁的體中呢？

此處引用《詩經》的一節（小雅，節南山，巧言），與本系列第一冊第四章提到《孟子》梁惠王上的「不忍人之心」問題相似。對儒家而言這是重要的思想，是透過感情觸發他人的同理心討論。蕭琛的辯論策略便是特意引用這套儒教的問題體系，嘗試解構范縝的議論。

蕭琛議論的重點在於神具備溝通的可能性。我們的思慮可傳達給他人的精神溝通，范縝的論述中並未提及。蕭琛也在夢這個現象中展開同樣的議論。

子今據夢以驗，形神不得共體。當人寢時，其形是無知之物，而有見焉。此神遊之所接也。神不孤立，必憑形器，猶人不露處，須有居室。但形器是穢暗之質，居室是蔽塞之地，神反形內，則其識微惛惛，故以見為夢。人歸室中，則其神暫壅壅，故以明為昧。夫人或夢上騰玄虛，遠適萬里，若非神行，便是形往耶？形既不往，神又不離，復焉得如此？

作者譯文：我在這裡以夢為議論的根據，證明形神一體是不可能的。人在睡眠時，其形雖處於無知狀態，卻能看見某些事物。這是因為神遊離形（與他物）連接互動之故。然而，神無法孤立存在，必須憑藉於形器，一如人需要屋子，不能生活於屋外。但形屬穢暗之質，正如房屋為閉塞之所。因此，當神（自游離）回到形時意識遂變得昏聵，因為昏聵，故所見之物有如夢境。這有如人回到屋中後神便稍微變得閉塞，因為閉塞所以眼見昏昧。人，透過夢境而登上玄虛，可行至萬里外的遙遠處。若非神遊離前去，難道是形走過萬里之距？如果說形不往則神也不能游離，那麼怎麼可能出現上述的這種現象呢？

人睡眠時「神」自「形」游離，正因「神」與「神」相「接」（互動），所以方可見到夢境中之物，可行至遠方。據此，蕭琛主張「形神相即」的觀點不成立，而是「形」與「神」可以分離存在，也就是「神」能夠脫離「形」而存在，從而引導出神不滅論以及輪迴的證明。

關於夢的這段議論引用了《莊子》的觀點，而南梁時期的曹思文（生卒年不詳）也進一步深化了類似的討論：

斯其寐也魂交故。神遊於胡蝶，即形與神分也。其覺也形開，遽遽然周也，即形與神合也。神之與形，有分有合；合則共為一體，分則形亡而神逝也。（曹思文，《難范中書神滅論》，《弘明集》卷九）

作者譯文：睡眠之時魂可相交。神可以化為蝴蝶嬉遊，正因形與神分離之故。醒後形開始起作用，忽然又變回了莊周，這是因為形與神又合而為一。如此，神與形又分又合，合則共同成為一個主體，分則形亡而神亦消逝。

前引文重點句的前半，「斯其寐也魂交，其覺也形開」乃引用自《莊子》齊物論，後半即是蝶夢，也引自同處。如此一般，佛教與儒教的論爭，也等同於《莊子》、《孟子》或《詩經》等中國經典如何解讀的爭論。對於這段根據夢的批評，范縝提出如下的反駁。

> 此難可謂窮辯，未可謂窮理也。子謂神遊胡蝶，是真作飛蟲耶？若然者，或夢為牛則負人轅輈，或夢為馬則入人跨下，明旦應有死牛死馬，而無其物，何耶？（中略）夢幻虛假，無有自來矣。一旦實之，良足偉也。明結想霄，坐周天海，神昏於內，妄見異物，豈莊生實亂南園，趙簡真登閶闔？郢外弟蕭琛亦以夢為文句，甚悉。想孰取視也。（范縝，《答曹錄事難神滅論》，《弘明集》卷九）

作者譯文：此〔曹思文的〕非難可說雄辯至極，但談不上窮盡其理。你說神遊離成為蝴蝶，但真的是變成了飛蟲了嗎？果真如此，夢中變成牛的人則去拉車，變為馬的人被人騎於胯下。第二天早上（因為不再是牛或馬）應該出現死掉的牛或馬，但卻不見這種情況，這是何故？（中略）夢與幻都是虛假的，皆是自然而來的。然而，這些夢、幻一旦成為實際之物，就會非常奇異。閉上眼於天空往來，坐下後周遊天海，這都是神於體內迷昏妄想而見到的奇妙之事。

莊周不可能真的〔成為蝴蝶〕翩飛於南園，〔據說夢中見到天帝的〕趙鞅也不可能真的登上天門。堂弟蕭琛也針對夢境做了詳細的批判，但根本沒有人加以理會。[1]

范縝以夢中的現象並非真實為由而予以反駁，認為夢只是虛幻，並藉此論點否定他者出現的情況，或與他者以魂相交的可能。然而，這種排除夢境的主張也迫使范縝更加堅持「形神相即」的真實性。前文提到的思慮依附於「心器」的論述正是典型例證。這種固守的立場，限制了范縝議論中原本可能展現的其他可能性。

神滅論的可能性與哲學難題

在另一種可能性中，我們應該考慮的是亞里斯多德所提出的「知性」能夠「離存」的主動知性形式。如果說「形神相即」的理論是基於亞里斯多德的形相與質料相對應的「用」（作用）與「質」（實質）的觀念，雖然這樣的分析可能引發其他問題，但也有可能將思慮視作一

1 譯註：「想孰取視也」，日文原文此作「沒有人加以理會」（誰も相手にしない），即無人取來閱讀之意。中文此句又作「想就取視也」，錢鍾書解釋為范縝認為曹思文的議論可能抄襲自范縝堂弟蕭琛的議論，所以「想取來確認」（《錢鍾書集》：《全上古三代秦漢三國六朝文》）。

種脫離質料的純粹作用力。在這種情況下，不僅是儒教，甚至道家與道教關於魂魄的討論也有機會被聯繫起來。然而，由於范縝對實在性的強烈要求，他不僅喪失了這種可能性，還在與佛教的論爭中不得不陷入了幾個哲學上的難題。

僅僅提出這個問題的關鍵，就會涉及「形」與「神」數量不一致的問題。如果作為基體的「體」有兩種描述，分別是「形」與「神」，那麼「形」與「神」的數量理應一致。然而，正如沈約（四四一—五一三）所描述的，人類的身體上有許多的名，但卻沒有與其一對一對應的「神」的名稱。「若形與神對，片不可差。何則？形之名多，神之名寡也。」（作者譯文：如果形與神毫無差錯地相對應，那麼為何形的名稱眾多，神的名稱卻鮮少）（沈約，《難范縝神滅論》，《廣弘明集》卷二二）沈約舉例說，「刀」與「利」的關係中，「利」並不對應於刀的全體，而是僅限於刀的「刃」部分，而且「利」無法適用於刀的其他部分或其整體。沈約進一步指出，按照范縝的觀點，只要「屍體」以某種物質形態存在，就必須假設存在一個「死的神」與之相應。

另一個例子是聖人。聖人在中國文化中被視為思慮最為深邃、理想化的人物。對於聖人的「神」，范縝認為其具有特殊的功效，並提出「形超萬有」的觀點（范縝，《神滅論》，《弘明集》卷九）。然而，這也引發了以下的批評。若聖人有許多不同的「形」，那麼就必須承認聖人擁有多數的「神」。如此一來，使聖人成為聖人的聖性，這種理型（idea）反而將遭到動搖，導致聖人不再成立。

其他發生問題的尚有：范縝的議論無法掌握從生到死的變化，並且難以處理在中國祖先祭祀中極為重要的「鬼神」（即幽靈般的存在）問題。這樣的難題在後來朱子學試圖超越佛教的時期，或者基督教於明代傳入中國時，以不同的形式再次浮現並引發討論。

神滅論的去向

那麼，范縝的論述最終達到什麼樣的結論？《神滅論》的最後有這麼一段說明：

若陶甄稟於自然，森羅均於獨化；忽焉自有，恍爾而無，來也不禦，去也不追，乘夫天理，各安其性。小人甘其壟畝，君子保其恬素；耕而食，食不可窮也；蠶而衣，衣不可盡也；下有餘以奉其上，上無為以待其下，可以全生，可以匡國，可以霸君，用此道也。（同上）

作者譯文：森羅萬象乃取自於「自然」之物，任何事物都是獨自變化，也就是「獨化」，忽然就自行存在，之後又消失。我們無法防止萬物出生，也無法停止其消滅。萬象皆遵從天理，各自安於其本性。若接受小人耕種田地，君子保持以質素為宗旨的生活，那麼耕作產生的糧食將食之不盡，養蠶取絲做出的衣裳也不會不足。換言之，下層如有所剩餘便向上層進獻，上層則以無為對待下層。如此一來將可保全生命，強化國家，能使君主成為霸者。這即是此處所舉出的作法。

此處的「自然」或「獨化」讓人聯想到西晉郭象所洗鍊出的概念。這最終導致對眼前所發生的一切事物，不得不採取一種肯定的態度，並對質疑為何發生此類現象的問題予以封殺。這種觀點回歸至一種強烈的本質主義，認為萬物皆應隨其自身的「性」而達到「自得」與「自足」。

換一個說法，佛教中主張「成佛」，也就是透過令人目眩神迷的變貌成為佛陀，以達到救贖的理想；而范縝則將希望寄託於強大君主的統治下所帶來的穩定。范縝生於南齊時代，原本位於篤信佛教的竟陵王蕭子良（四六〇—四九四）門下。順帶一提，批評范縝的沈約與蕭琛亦屬「竟陵八友」，同為蕭子良的沙龍成員。竟陵王蕭子良曾如此描述范縝：

初，縝在齊世，嘗侍竟陵王子良。子良精信釋教，而縝盛稱無佛。子良問曰：「君不信因果，世間何得有富貴，何得有貧賤？」縝答曰：「人之生譬如一樹花，同發一枝，俱開一蒂，隨風而墮，自有拂簾幌墜於茵席之上，自有關籬牆落於糞溷之側。墜茵席者，殿下是也；落糞溷者，下官是也。貴賤雖復殊途，因果竟在何處？」子良不能屈，深怪之。縝退論其理，著《神滅論》。（《梁書》，范縝傳）

作者譯文：最初范縝在南齊仕於竟陵王蕭子良門下。子良信仰佛教，但范縝卻提倡無佛。子良問：「你不信因果嗎？那為何世上會有富貴貧賤的差異？」范縝回答：「如果拿人生來比喻，就像樹木上開的花。即便開在同一樹枝或花萼上，如果被風吹落，有些花可能落到帷帳或簾子上，有些可能撞上牆角而落於茅房，自然而然會出現區別。落在墊子上的就是殿下您，落在茅房裡的就是下官的我們。貴賤就是如此走上不同的道路，哪有因果涉入的空間呢？」蕭子良無法認同這樣的說法，深感不可思議。范縝遂根據駁倒子良的理論而撰寫《神滅論》。

否認佛教因果思想並如實接受現狀的范縝，將自己比喻為落入茅房的花朵。或許他內心深處有著難以言說的痛苦。然而，正因他否定因果，他並不追隨「自然」，其思想更傾向於根本的偶然性。換言之，范縝的哲學思維帶有亞里斯多德的「現實性」（energeia），這使他有機會朝著「開花」之完滿狀態的哲學層次發展。不過，要實現這個目標，可能需要以不同的方式來解讀《莊子》。

延伸閱讀

堀池信夫，《捍衛思想研究史》（明治書院，一九八八年）——似乎已絕版，但若把六朝時期的玄學當作哲學來思考時，本書依舊給我們相當多的啟示。作者近期也出版了《老子註釋史之研究：櫻邑文稿 1》（明治書院，二〇一九年），內容是對王弼的重新考察。

中島隆博，《共生之實踐：國家與宗教》（東京大學書版會，二〇一一年）——本書為拙作，提作參考甚感惶恐。關於六朝時期關於佛教、儒教的神滅不滅論爭，於此書〈第四章 面對死於非命者與屍體〉有詳細討論，敬請參考。

船山徹，《佛教經典如何漢譯：經文（Sutra）成為經典之時》（岩波書店，二〇一三年）——援用今日的翻譯理論，明確探討佛教經典漢譯的過程。說明翻譯在中國佛教成立之問題體系中的意義，如何與無法翻譯的概念搏鬥，內容深具啟發性。

遠藤祐介，《六朝時期佛教接納之研究》（白帝社，二〇一四年）——關於中國接納佛教，特別是六朝時期，雖有許多研究論文與學術書籍，不過本書是其中最新的成果之一。關於禮敬論爭的研究，有許多值得學習之處。

CHAPTER

seven

第七章

瑣羅亞斯德教與摩尼教

青木健

ゾロアスター教とマニ教

一、世界哲學史與三至六世紀的波斯

瑣羅亞斯德教的「思想高度」

本章作為《世界哲學史》系列的一部分，將探討薩珊朝波斯帝國時期（二二四—六五一）從西亞至中亞成立的兩套哲學，即瑣羅亞斯德教（又稱祆教）與摩尼教。不過，有鑑於此二者特性迥異，因此首先做概述說明。

瑣羅亞斯德教認為「在無神的世界中任何事物都是被允許的」，並且絕對沒有杜斯妥也夫斯基那種對唯一真神的迫切希求。從這樣的觀點來看，此宗教的信徒極端平淡冷靜（nonchalant），生活在「小確幸」的價值觀之中。他們從一開始就未曾嘗試要努力建構一套完整的理論，對世界完全不追求徹底認知的精神。他們不將生命作抽象化的提煉，而對更具體、個別的事物展現出強韌的執著。作為「伊朗人」（此身分上的限定尤其重要），他們的核心理念是一種奇妙的健康優良生般的思維：只要能愉快地度過現世生活便足矣。

這種一見之下單純且明朗的態度，確實削弱了瑣羅亞斯德教思想的震撼力，這是不爭的事實。畢竟，他們的「哲學」體系內部並未實現完整的整合性。他們的思想與希臘哲學相距甚遠，與亞伯拉罕的一神教〔又稱亞伯拉罕諸教（Abrahamic religions）〕相比，亦顯示出某種異質性。正因如此，這種平淡冷靜的態度與異質性，使瑣羅亞斯德教的「哲學」在世界哲學史中的思想高度，往往被評估為較低的層次。

然而，瑣羅亞斯德教徒依然展現了人類對真理的原始追求，仍會在恐怖的黑夜中尋找絕對真理。然而，僅憑這一點顯然不夠，因為後世的世界哲學史往往只簡單提到它「從未流行過」，這給人一種過於悲傷的感受，以至於一筆帶過。即便如此，若忽視他們所構築的哲學，那無疑是一種知性的傲慢與頹廢，對人類智慧探索的輕蔑。

摩尼教之「精妙的人造哲學」

與此相對，摩尼教則展現出對現實世界的強烈對抗心理，其精神上對光明世界充滿熱烈的追求，這與瑣羅亞斯德教的哲學發展路徑截然不同。瑣羅亞斯德教精煉出伊朗民族自成一派的思維，幾乎不知不覺間保持自然狀態，形成自己的哲學體系。相比之下，摩尼教更像是由一名作者透澈理解事理，經過大量匠心投入，創造出宛如工藝品般的人工哲學。摩尼教體現了創作者強烈的自我意識，並深刻烙印著無可置疑的天才氣質，堪稱一門真正的「哲學」，其中絲毫看不到瑣羅亞斯德教中流露的伊朗本土居民性格。

如果是注重形式完整性與結構性完美的讀者，或許會比瑣羅亞斯德教更認同摩尼教。然而，摩尼教的哲學中也存在著不容如此直觀理解的部分。其原因在於，這一哲學的創始者以基督教為前提，大膽地將基督教的全部內容照搬挪用。不僅毫不猶豫地借用素材，還以其自身的哲學直觀予以替換和改組，企圖向全世界宣告「這才是真正的基督教」，並積極向各地宣揚。同時，儘管摩尼教發源於波斯帝國內部，但它卻選擇借鑒遙遠的基督教思想，完全不採用早於它的瑣羅亞斯德教思想，這一點也反映了瑣羅亞斯德教在思想上的貧瘠。

因此，對於不熟悉基督教的讀者而言，讀到這裡可能會感到難以理解筆者究竟在談論什麼；相反，對於對基督教非常了解的讀者，則可能會因為這種挪用基督教的做法而感到憤怒與困惑。瑣羅亞斯德教「一直未曾流行」，而摩尼教則因為其他原因，最終也未能獲得長足發展。儘管如此，摩尼教在短暫的歷史瞬間中迸發出了人類思想史上罕見的光芒。

不流行的哲學

這裡直截了當地說「不流行」，其實是基於背後複雜的理論組合而成立的說法。我們可以先聚焦於這一點來討論。首先，這兩大宗教並非只是在某個短時間內不流行，而是自始至終未曾流行開來。瑣羅亞斯德教除了在伊朗人之中擁有影響力外，幾乎沒有被其他民族接受；而摩尼教雖曾一度盛行，卻最終被更加流行的哲學（如基督教和伊斯蘭教）所掩蓋，甚至徹底抹去了其存在的證據。筆者並非在過度悲劇化這兩大波斯哲學，事實上，波斯哲學的命運比希臘悲劇更為悲慘。這正是波斯哲學的宿命。

其二，波斯哲學內部就隱含了容易湮滅證據的要素。他們所使用的中世紀伊朗語（中世紀波斯語及安息語）作為記述語言全然不成熟，不適於發展抽象化的思想。如果從研究者的角度來看，能感激涕零地解讀這些文獻的通常是語言學者，因為這是他們的專業工作。而所謂的瑣羅亞斯德教研究或摩尼教思想的研究者們，即便對一手史料感興趣往往也不得其門而入。在這種情況下，還未等外來力量湮滅證據，這些宗教便已在無形中自動放棄了能證明自身的證據……實際情況的確如此。順帶一提，基於這種情況，中世波斯語的後繼語言——近世波斯語，最終未能成為伊斯蘭世界的學術用語，而僅限於詩歌的書寫，這背後絕非偶然。

第三，由於使用伊朗語撰寫的文章表現不夠成熟，他們的「哲學」自然傾向於過度依賴神話的故事結構，並透過羅列形容詞——這些形容詞大概也非常貧乏——來強化其訴求，這使得其思想表現出一種帶有神話劇風格的原始主義（Primitivism）色彩。若從希臘哲學的視角來審視，波斯哲學大概只會被視為一種土著性、通俗性的民間故事合集，認為這不過是希臘哲學早已走過的老路。此外，若從亞伯拉罕諸教的角度來看，波斯宗教的敘事或許會被視為僭越的時代錯置（anachronism），試圖對抗《聖經》崇高且洗煉的敘事風格。

超驗的一神 vs 二元論

既然是如此不流行的哲學，為何還在討論世界哲學史的本系列中設一章節來討論呢？簡單來說，理由在於西元三至六世紀時，地中海地區局勢風雲變幻，至少從波斯的角度來看是如此。當時波斯的哲學以二元論展現出獨特的反抗性，對抗亞伯拉罕諸教一神論所提倡的超驗性「太一」（to hen/ the one）思想。然而，這兩種思想（亞伯拉罕諸教一神論與波斯二元論）其實互為表裡，只有理解雙方，才能立體地掌握古代晚期從西亞到地中海的思想狀況。

以下，筆者將以二元論的概念為起點，討論瑣羅亞斯德教與摩尼教。此外，為了依照兩者的起源與發展順序來分析，本文將採用三層結構來說明。瑣羅亞斯德教起源於西元前十七至十二世紀左右，其開端為教祖查拉圖斯特拉．斯皮達瑪（生於今日中亞地區的伊朗人）所吟詠的詩文。如果僅針對起源問題來看，瑣羅亞斯德教比摩尼教早約一千五百至兩千年。[1]

然而，此處不應將思想的起源與思想的完成混為一談。以瑣羅亞斯德教為例，教主查拉圖斯特拉僅僅以詩文表達了自己的思想，換言之，這只是播下了種子。要等待這些種子發芽並結出部分果實，仍需經過漫長的時光，甚至超過了摩尼教的成立和成熟期，直到波斯帝國薩珊王朝末期才得以完成。因此，本稿在按照年代順序敘述時，為了更清晰地解釋瑣羅亞斯德教的原始二元論，將會切割其思想的起源與完成。起源部分將置於說明結構的第一層，以便詳細討論。

■

1 譯註：瑣羅亞斯德（Zoroaster）為希臘文發音，採波斯文發音時則譯為查拉圖斯特拉（Zarathushtra）。瑣羅亞斯德教約於六世紀傳入中國後，被稱為「祆教」。《說文解字》解釋「祆」為「胡神也」；另外又稱「拜火教」、「波斯教」。

摩尼教由出生於美索不達米亞的伊朗人摩尼（Mani, 216-277）於西元三世紀獨創。雖然他同樣繼承了伊朗血統，但與查拉圖斯特拉不同，並非生活在遠離文明、以畜牧為生的素樸邊境人物。相反，他活躍於西元三世紀高度都市化、人口稠密的美索不達米亞地區，是一位極具都會氣息的人物。摩尼充分利用了當地發達的文化，親自撰寫書籍（主要以亞蘭語書寫），這些文本也奠定了摩尼教的思想基礎。換句話說，摩尼教的誕生與其思想的成立幾乎是同時發生的。因此，摩尼教的整體思想解釋將置於本章的第二層結構。

接著，經過三百年的漫長時光，遲至六世紀左右，瑣羅亞斯德教才終於發展為一個完整的思想有機體。至於從教祖查拉圖斯特拉開始，瑣羅亞斯德教究竟經歷了什麼樣的歷程，我們其實所知有限。然而，基督教在此期間的成立無疑是一個重大事件，到了六世紀，瑣羅亞斯德教在其思想形成的階段，應該已更強烈地意識到亞伯拉罕一神教的存在。瑣羅亞斯德教的教典雖在此時成型，但其最終確立則要等到更晚的時代，即九世紀進入伊斯蘭時代之後。因此，若以思想確立的時間來衡量，瑣羅亞斯德教比摩尼教晚了三百至六百年。

接下來，將首先審視查拉圖斯特拉的原始二元論，接著探討摩尼教的成立（即思想的完成），最後進入瑣羅亞斯德教的部分，這一階段該教透過其追隨者最終確立了自身的形態。若將接下來的說明以定型化的方式呈現，則可整理為：第一層為「一神教的二元論」，第二層為「厭世的靈肉二元論」，第三層為「樂天的善惡二元論」。

二、查拉圖斯特拉之一神教式的二元論

孿生的原初聖靈

波斯的二元論起源，是在很久以前——再往上追溯便無從考證——由查拉圖斯特拉在中亞的某處——同樣無法更精確地確認——吟詠的詩文《伽薩》（*Gatha*）為開端。或許有其他多位伊朗人也擁有類似的思想，但他們的詩文並未存留下來，無法深入考察。以下將試著參考《伽薩》中最能表明二元論的部分，即收錄於西元六世紀編纂的瑣羅亞斯德教經典《阿維斯塔》（*Avesta*，又稱波斯古經）的〈亞斯納〉（Yasna）第三十章第三至四節。

此二原初的聖靈出現在（我／查拉圖斯特拉）的夢中。祂們的思考、言行、行動的方式有二，即善與惡。賢者聖靈會在此二者間做出正確選擇，愚者聖靈則並非如此。當此二聖靈相遇時，祂們產生了最初的生命與非生命。最終，選擇虛偽（謬誤）的追隨者帶來至惡的思想，選擇真實（真理）的追隨者帶來至善的思想。

這段古伊朗語的詩文有多種解釋方式——畢竟，這是三千五百年前的詩作，沒有人能確切理解其原意——但大致而言，查拉圖斯特拉親口說道：「真實與虛偽的孿生聖靈」彼此對立，

人類必須在二者之間作出選擇並追隨其中之一。如此古老的詩文竟能穿越漫長的時光傳承至今，這也顯示了當時這些教義對人們思想所帶來的深刻衝擊力。[2]

孿生的原初聖靈之父

然而，查拉圖斯特拉的原始二元論中，這兩個完全對立的聖靈並非與外界斷絕一切關係而獨立存在。雖然這兩者似乎無法和解，但查拉圖斯特拉認為它們同源於一個共同的起點。即在《阿維斯塔》的〈亞斯納〉第四十七章第三節中，至高神明阿胡拉．馬茲達（Ahura Mazda）為善之聖靈斯彭塔．曼紐（Spenta Mainyu）與惡之聖靈安格拉．曼紐（Angra Mainyu）的孿生子的「父親」。

查拉圖斯特拉的思考在此處展現了其複雜性。若僅從孿生聖靈的對立局面來看，他的思想可以被視為典型的二元論。然而，這兩者之上還有一個共同的起源，即至高神阿胡拉．馬茲達。從這一點來看，善與惡並非完全分離，而是出自同一起源的正負關係，這在某種程度上蘊含了一神教的底蘊。雖然這種思想顯得原始，但它內含多重意義，因此不允許單一線性地解釋。這正是查拉圖斯特拉的「一神教式二元論」的精髓所在。

若以圖示表示此樣態，則如左記。此種狀態究竟該稱一神教或二元論，實際上是個令人困惑的問題。

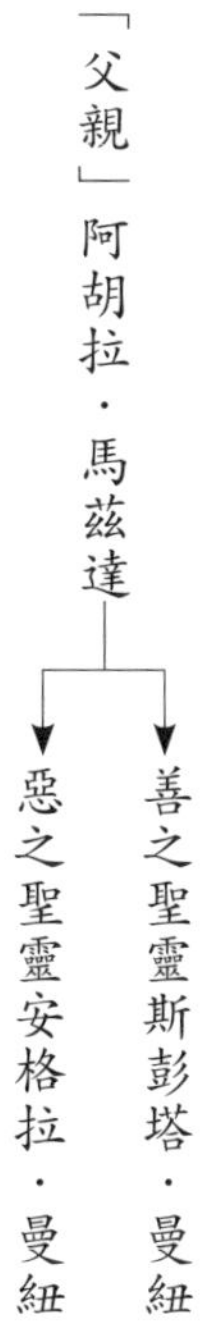

「父親」阿胡拉·馬茲達

→ 善之聖靈斯彭塔·曼紐

→ 惡之聖靈安格拉·曼紐

人類的選擇

總而言之，人類面前只有兩個選擇：真實（真理）與虛偽（謬誤）。這裡體現了瑣羅亞斯德教特有的倫理特徵——這種善惡基準帶有強烈的伊朗特色（由於篇幅限制，本稿中不作詳細說明），其他民族較難遵循。暫且撇開這一特徵不談，瑣羅亞斯德教認為，善與惡並非與生俱來的屬性，人類在面對善惡時作為一個獨立的個體，必須自主判斷，選擇站在真實（真理）一方或虛偽（謬誤）一方。

查拉圖斯特拉如此嚴格地區分真實（真理）與虛偽（謬誤），讓人推測其精神應當是一位拒

2 譯註：經文內容直譯自日文原文。另提供商務版（北京）中譯本譯文做為參考：（三）最初兩大本原孿生並存，思想、言論和行動皆有善惡之分。善思者選擇真誠本原，邪念者歸從虛偽本原。（四）當這兩大本原交會之際，巍峨壯觀的生命寶殿起於善端，陰暗的死亡之窟立在惡端。世界末日到來之時，真誠、善良者將在天國享受阿胡拉的恩典和光輝，虛偽、邪惡之徒將跌落阿赫里曼黑暗的地獄。賈利爾·杜斯特哈赫選編，元文琪譯，《阿維斯塔—瑣羅亞斯德教聖書》，商務印書館，北京，二〇〇五。

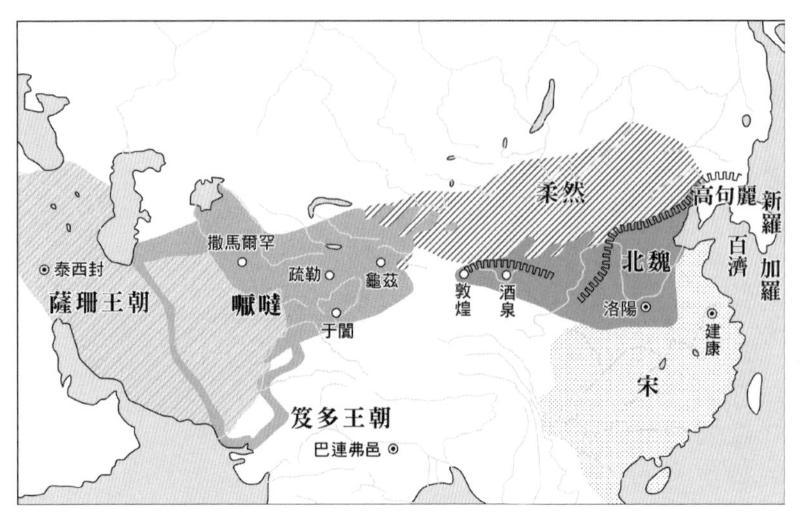

約五世紀歐亞大陸的內陸地區

絕妥協、激烈且慷慨激昂的人物。透過這一主張，他在哲學上首次將思想昇華到一個新的境界，勾勒出人類在倫理上應有的清晰形象，並將一神教、二元論與人類的倫理相結合。筆者在此深刻感受到查拉圖斯特拉思想的獨創性。

然而，當他的思想如同閃電在遠方伴隨雷聲轟鳴時，閃光與雷鳴之間已流逝漫長的時光。自查拉圖斯特拉在中亞射出思想的閃電，到雷鳴傳抵波斯，竟歷經了超過兩千年的歲月。

三、摩尼教的厭世二元論

摩尼教的思想系譜

接下來將焦點轉移至摩尼教。根據自

稱「耶穌基督使徒」的摩尼主張，《舊約聖經》之神與《新約聖經》之神，是完全相異的超驗性神明。使徒保羅在這一點上產生了誤解，將兩位神視為同一位，並因此將錯誤的基督教理念傳播於世。因此摩尼認為，保羅的靈魂應當為此誤解悔改。

取代假使徒保羅的，是根據真使徒摩尼的預言。《舊約聖經》的神來自黑暗世界，向人類傳遞訊息，教導他們如何在物質束縛中獲得安穩。與此相對，《新約聖經》的神傳來神聖的啟示，教導人們應儘早脫離混濁的世間，回歸人類真正的故鄉，也就是光明的世界。摩尼認為，依照他的見解所詮釋的基督教才是「真正的基督教」。至於將他的教義稱為「摩尼教」，其實是後世對他的貶抑之詞，與他本人對教義的理解相去甚遠。

如此將《新約聖經》的神與《舊約聖經》的神分離，並在二者之間構築對立結構，哲學上自然會形成二元論的局面。然而，這種區分的依據究竟來自何處，學術的實證研究卻提供了不同的見解。一種可能性是，摩尼教的思想是在原始基督教框架內，針對經典解釋進行論爭時，從一個被稱為諾斯底主義的立場衍生而出的。這一立場的最大依據在於，摩尼本人自稱為「耶穌基督的使徒」，並宣稱其教義為「真正的基督教」。不論如何思考，這樣的宣稱與問題意識，顯然只有在基督教文化圈中才會出現。

另一種可能性是，若從摩尼的家族背景與出身地來考量，則可以推測他可能受到了瑣羅亞斯德教的影響。摩尼的母親是與安息帝國王族有血脈關聯的伊朗貴族，而摩尼出生於美索不達米亞巴比倫郊外的小鎮馬丁努（Mardinu），這個地方正位於安息帝國的核心地區。當然，這樣的出身條件並非摩尼所能自主選擇的。然而，摩尼在二十四歲的年輕之齡便創立了「真正的基督教」，並開始自行傳教。隨著安息帝國之後波斯帝國的薩珊王朝興起，摩尼曾請求謁見第二代皇帝沙普爾一世（Shapur I，在位期間二四〇—二七二），在獲得皇帝敕許後，他基本上以宮廷醫師的身分在波斯帝國內活動。因此，摩尼擁有優越的外在條件，加之其思想明顯帶有二元論的特徵，推論他受瑣羅亞斯德教影響的說法也得到了不少研究者的支持。

在二〇一〇年代的摩尼教研究中，前者的論述占據了壓倒性的優勢。筆者的立場是，與其說摩尼教是波斯二元論的亞種，倒不如將其視為基督教的波斯變種會更加恰當。

神話劇風格的原始主義

摩尼教思想形成於西元二四〇年，這是古代末期最為緊張的時代。當時所出現的二元論，並不像查拉圖斯特拉詩文中描述的那樣，由一位寬鬆的「父親」涵蓋整體的鬆散二元論，而是反映當時的世局，構築出一種充滿緊迫感、毫無妥協餘地的二元論。其背景在於靈魂與肉體的分離，並將所有希望寄託於靈魂之上，這源自人們內心深刻的孤獨感。面對這種局勢，摩尼並未採用希臘哲學風格的論證方式來傳教，而是模仿當時美索不達米亞或波斯的傳統，透過神話劇的形式傳播自己的教義與宣言。

根據摩尼的敘述結構，光明的靈性世界與黑暗的物質世界從永劫的過去便開始對立。當雙方戰爭爆發後，光明世界的第一騎士阿胡拉．馬茲達卻因某些原因輕易地被黑暗之王安格拉．曼紐俘虜。光明的主要元素一開始便淪為物質世界的俘虜……這樣的角色分配，確實會激怒瑣羅亞斯德教的信徒。

為了救出阿胡拉．馬茲達，第二騎士密特拉（Mitra）出擊，成功包圍黑暗世界並將其封印在「宇宙」中。然而，這樣一來，遭俘虜的光明世界第一騎士（光明的主要元素）也一同被封印在這個套層結構中，最終未能成功救出他。黑暗之王阿里曼（Ahriman）則採取了相應的對策，他創造了「人類」，並賦予其生殖能力，企圖藉此擴大物質世界，將光明的主要元素永遠囚禁於物質世界之中。

事態發展至此，第三騎士光之耶穌降臨，並向世界各地派遣使徒，呼籲人類——他們自帶光明的要素——返回原本的故鄉，也就是靈性的世界。這些使徒中具有代表性的有查拉圖斯特拉、佛陀、耶穌基督（與第三騎士並非同一人物）等，而摩尼（與保羅不同）則是最後一位真正理解耶穌基督教義的使徒。

如果將上述概念加以圖示，大概就如前頁所示。彷彿具備幻視能力一般，摩尼以超越人類現實歷史的另一面向，詳細展現出超驗世界的複雜細節，這種奇特的敘事方式賦予他的思想一種不可思議的說服力。或許，他擁有驚人的說書人天賦，能夠以生動的方式描繪出這些超越現實的場景。

光明之父
扎爾萬（Zurvān）

第一騎士　阿胡拉・馬茲達
第二騎士　密特拉
第三騎士　光明耶穌

光明的靈之世界
無妥協餘地的對立關係
黑暗的物質世界

黑暗之王安格拉・曼紐

時代精神的體現

一個思想的哲學完成度與其對同時代的影響力，這是截然不同的問題。若對摩尼教思想追根究柢，便可發現被黑暗勢力創造出來的人類，其實全數滅絕才是最好的結果——當然，這是假設人類體內的光明要素會因人類死亡而獲得解放。若然，則這種哲學將立足於自我矛盾上。

亦即：接受此種思想的人會具有殘害自我的意志，隨著摩尼教信眾人數的增加，人類總人口中摩尼教信眾的所占比例也會必然減少。摩尼教中此種觀念唯美的教義，其實蘊含著劇毒，如果吸入必將窒息而亡。

即便如此，在古代末期，仍有許多人支持摩尼這種強烈主觀性的哲學，而且信徒人數遠超預期。往西，摩尼教影響了基督徒眾多的埃及，使相當比例的埃及人口改變信仰；往東，摩尼教沿著絲綢之路遠傳至中國。雖然隨著與當地思想的融合，摩尼教的思想已經變質，與摩尼本人最初的哲學相去甚遠，但這一宗教仍體現了古代末期美索不達米亞知識分子們的夢想與內心的混亂。這種靈肉二元論所展現的波斯古典美（有些觀點會認為是頹廢美），伴隨其思想內在的悖論，最終散播至整個歐亞大陸。

四、瑣羅亞斯德教的樂觀二元論

阿胡拉·馬茲達與斯彭塔·曼紐的合而為一

當摩尼教在美索不達米亞興起，並且後來被我們稱為「基督教」的宗教逐漸傳入波斯時，瑣羅亞斯德教為了應對這些挑戰，思想上也出現了新的局面。中世紀瑣羅亞斯德教的思想，最終在六世紀完成，而在九世紀彙整的文獻群中（該時期的文獻學考證極為複雜），教祖查拉圖斯特拉的思想結構開始逐步解體。亦即，善、惡二聖靈的父親，唯一真神阿胡拉・馬茲達（中世紀波斯語稱為奧爾瑪茲德（Ohrmazd））的地位急遽下跌，並逐漸與善之聖靈斯彭塔・曼紐同化。

善之神阿胡拉・馬茲達（奧爾瑪茲德）　光明的靈之世界

←毫無妥協餘地的對立關係→

黑暗之王安哥拉・曼紐（阿赫里曼）　黑暗的物質世界

如此一來，善之神阿胡拉・馬茲達與黑暗之王安哥拉・曼紐（中世紀波斯語稱阿赫里曼（Ahriman））必須進入直接對抗關係，原本二者間存在的過渡性角色消失。換言之，與教祖查拉圖斯特拉主張之內含一神教思想的善惡二元論相較，西元六至九世紀的中世紀瑣羅亞斯德教具備更明顯的二元論傾向。這種思想上的轉變其原因尚無定說，或許是因為面對來自西方的基督教信仰威脅而做出反擊，將思想改變方向，特意強調與一神教的差異。

若將上述說明加以圖示，便如上圖。一般而言，人們腦海中浮現的「波斯的二元論」大多指這種形式。然而，實際上，這種形式僅反映了瑣羅亞斯德教在最終階段的思想。

古代末期之暴風雨前的寧靜

然而，中世紀瑣羅亞斯德教的二元論，雖然描繪了善之神與黑暗之王的直接對峙，卻不像摩尼這位來自美索不達米亞都市的思想家所主張的那般無情與嚴苛。發展於伊朗高原偏遠地區的中世紀瑣羅亞斯德教，並不像摩尼教那樣擁有充滿精緻細節的神話，取而代之的是一種微妙的樂觀態度，帶著心胸開闊地面對世界的風格。當面對來自西方、信奉超驗性神明的一神教時，波斯帝國這個自古以來存續於東方的強大政權，持續在政治與軍事上自我武裝。而在最後暴風雨來臨前的寧靜中，這一宗教的信徒特意謳歌著充滿波斯獨特風格的感受與偏好，甚至可以說，這已成為了一種風尚。

到了七世紀，當西亞整個地區普遍接受了一神教信仰後，二元論思想似乎永遠逃入了曖昧不明的領域，再也難以清晰掌握。簡而言之，雖然瑣羅亞斯德教和摩尼教都採取了二元論的形式，但它們處於對立的兩端，前者展現出相當樂觀的哲學態度。此外，瑣羅亞斯德教的善惡二元論並非以靈魂與肉體的對立為前提。無論是在靈性層次還是物質層次，善都以相同的強度具體展現，而惡則只存在於靈性層次，並被迫存續於物質層次。

因此，這種善惡對決的趨向從一開始就已經注定了結果，只是要求人類在早已知曉勝負的前提下，為善做出貢獻。即便是那些曾經協助邪惡一方的人，也能在最後審判中得到原諒，並與善良的人們一起邁向樂園。這一思想在當時究竟滿足了多少人對知識的需求，至今仍不明朗。不過筆者認為，當時的中世紀瑣羅亞斯德教是幸運且幸福的。此後的西亞思想史中，這種如同軟體動物般無法精確掌握的哲學，再也沒有擴散開來。

單一超驗神明的挑戰

透過以上簡要的說明，我們概略地呈現了西元三至六世紀在波斯帝國內繁盛的兩種二元論。最後，讓我們來探討這些思想的消亡。無論是瑣羅亞斯德教還是摩尼教，首先在形而上的層次逐漸消退，隨後這一變化對形而下的現實層面產生了影響。具體來說，七世紀阿拉伯人的入侵和伊斯蘭教的傳播最終導致了波斯帝國的滅亡，這也象徵著這些二元論思想的終結。

從形而上的角度來看，這並不意味著二元論敗給了超越的一神教。在二元論被宣告於形而上的論爭中失敗並退出舞台之前，它已因軍事力量等不可抗的外力而被迫從歷史舞台上撤退。即便波斯的思想失去了政治與軍事的支撐，它仍憑藉思想本身的生命力堅持了約三百年之久。

瑣羅亞斯德教在這段時期展現了最後的知性活力，並寫下了大量以中世紀波斯語記錄的文獻。此外，摩尼教在八世紀時一度如同曇花般，成為了維吾爾王國的國教。

至於筆者所解說的這兩種二元論，究竟超出了古代末期人類幻想水準多少，筆者也無法做出準確判斷。這一部分，只能交由閱讀世界哲學史系列的讀者自行思索。無論如何，瑣羅亞斯德教與摩尼教這兩種波斯的二元論，宛如在古代末期的黃昏時節突然出現，瞬間綻放光芒後便消逝的流星，至今仍在二十一世紀給人留下深刻印象——儘管如今它們已鮮少受到關注。

它們的殘光，由尼采（Friedrich Nietzsche）特意假托查拉圖斯特拉作為反基督的主角寫下《查拉圖斯特拉如是說》後，仍舊在哲學史中不停閃爍。然而，尼采選擇查拉圖斯特拉來書寫，也可能是受到他的情人露・莎樂美（Lou Andreas-Salomé, 1861-1937）的個人影響，莎樂美的結婚對象為哥廷根大學（University of Göttingen）的伊朗學教授卡爾・安德里亞斯（Friedrich Carl Andreas, 1846-1931），而他正好是古代伊朗學的創始人。

延伸閱讀

瑪麗・博伊斯（Mary Boyce），山本由美子譯，《瑣羅亞斯德教：三千五百年的歷史》（*A History of Zoroastrianism*，筑摩書房，一九八三年）——原著為二十世紀後半瑣羅亞斯德教研究的必備經典。

岡田明憲，《瑣羅亞斯德的神祕思想》（講談社現代新書，一九八八年）——聚焦平常鮮少被論及的瑣羅亞斯德教神祕思想，是主題相當罕見的一部著作。

前田耕作，《宗祖瑣羅亞斯德》（筑摩新書，一九九七年）——討論歐洲瑣羅亞斯德傳說的著作。

米歇爾・塔爾迪厄（Michel Tardieu），大貫隆、中野千惠美譯，《摩尼教》（*Le manichéisme*，白水社，二〇〇二年）——原著是由法國摩尼教研究先驅塔爾迪厄所撰之名著。

青木健，《新瑣羅亞斯德教史》（刀水書房，二〇一九年）——將薩珊王朝視為瑣羅亞斯德教思想發展頂峰的概說性書籍。

CHAPTER eight

第八章 柏拉圖主義的傳統

西村洋平

プラトン主義の伝統

一、自西元前一世紀至西元六世紀的柏拉圖主義

何謂「柏拉圖主義」

「柏拉圖主義」究竟為何？從最狹義到最廣義的定義，大致可以分為三種柏拉圖主義。

第一，西元前四世紀柏拉圖設立「柏拉圖學院」，當時隸屬於此學院的哲學家們也包含在「柏拉圖主義」的傳統中。其成員除了亞里斯多德之外，尚有成為學院懷疑主義者（philosophical skepticism）的阿爾克西拉烏斯（Arcesilaus）與卡爾內阿德斯（參考本系列第一冊第九章第三節）。據信此學院一直存續至西元前八十六年，亦即到了羅馬執政官蘇拉鎮壓雅典為止。當時雅典依附本都王國（Kingdom of Pontus）的米特里達梯六世（Mithridates VI Eupator），意欲推翻羅馬，故羅馬執政官蘇拉加以鎮壓。之後柏拉圖主義者們將活動於學院的懷疑主義者們稱為「學院派」，藉此強調該些分子與自身主張的「柏拉圖主義」有所區隔。

當學院制度失去權威後，出現了以柏拉圖及其文本為權威的哲學家。這便是第二種「柏拉圖主義」。當然，懷疑主義者也在柏拉圖的文本中找出懷疑主義的元素，在此點上，他們也被視為以柏拉圖為權威的柏拉圖主義者。此外，柏拉圖主義者之中也有部分人士認為畢達哥拉斯乃柏拉圖思想的泉源——或者認為二者思想有共通之處，這些人被稱為「畢達哥拉斯派」——或者為與古代區別而稱「新畢達哥拉斯派」。無論如何，這些哲學家們也認同柏拉圖的文本為

權威，本章據此將他們一併納入「柏拉圖主義」的傳統中。

第三，雖然不以柏拉圖的文本為權威，但以柏拉圖思想為知識泉源並展開自身的哲學，並採用柏拉圖的某些特定思想——例如承認「理型」這種形上學的存在——的哲學家們，亦可被稱為柏拉圖主義。在此廣義的定義下，現代分析哲學家——例如弗雷格（Gottlob Frege）或奎因（Willard Van Orman Quine）等——也被歸類為柏拉圖主義。

本章將討論從柏拉圖學院消失的西元前一世紀起，直到五二九年東羅馬帝國查士丁尼大帝將希臘哲學視為「異教」並加以禁止的柏拉圖主義傳統。在這段期間活躍的哲學家們並不隸屬於柏拉圖學院，因此並不屬於第一種意義上的柏拉圖主義者。然而，他們認同理型這一超驗性原理，因此可以被視為第三種意義上的柏拉圖主義者。儘管如此，與現代哲學家不同的是，他們仍將柏拉圖視為權威，因此也可以稱之為「柏拉圖主義者」。

中期柏拉圖主義與新柏拉圖主義

當柏拉圖學院失去地理和組織上的據點後，便出現了一些哲學家，他們試圖從文本中引出柏拉圖的思想。這種柏拉圖主義的興起是一種在地中海各地發生的個別運動。據信，自從西元一七六年羅馬皇帝馬庫斯・奧理略在雅典與逍遙學派、斯多克學派和伊比鳩魯學派一同建立柏拉圖主義的學校後，這一趨勢仍然持續存在。這種自西元前一世紀以來的柏拉圖主義，位於之前的學院派（如懷疑主義或早期柏拉圖主義）與普羅提諾（Plotinus, 205-270）以後的新柏拉圖主義之間，因此被稱為「中期柏拉圖主義」（Middle Platonism）。此名稱最早由二十世紀初的古典學者普萊希特（Karl Praechter）提出。

同時「新柏拉圖主義」（Neo-platonism）這一術語的出現可以追溯到十八世紀的德國哲學史家。雅各．布魯卡（Jacobi Bruckeri）在《批判的哲學史》（*Historia Critica Philosophiae*，出版於一七四二—六七）提出了一種觀點，認為普羅提諾之後的各種學說和宗教都是缺乏體系且屬於混合性的惡性折衷主義。受到這一觀念的影響，為了與之前體系化的正統柏拉圖主義區別開來，普羅提諾等人通常被稱為「新柏拉圖主義者」，而這種稱呼最初帶有負面的含義。

如上所述，「中期柏拉圖主義」與「新柏拉圖主義」的區別實際上是現代的產物。古代的哲學家們不可能自覺地稱呼自己為「新」或「中期」，而且他們也不會意識到思想上的斷裂。因此，許多研究者認為應該去除這種區別。不過，這些思想之間確實存在著相異之處。例如，新柏拉圖主義將柏拉圖的《巴門尼德篇》視為形上學的著作來做註釋，而中期柏拉圖主義則不太有這樣的傾向。此外在波菲利（Porphyry, ca. 234-305）以後，新柏拉圖主義者開始註解亞里斯多德的哲學。即使不考慮這些思想上的差異，所謂的中期與新柏拉圖主義的區別，幾乎可以將綿延六百至七百年的柏拉圖主義傳統分為兩部分，這在時代劃分上反而成為一個優點。本章依循這樣的邏輯，將西元前一世紀至三世紀以前的哲學家稱為「中期柏拉圖主義」，而普羅提諾以後的哲學家則稱為「新柏拉圖主義」。

傳統的終結

新柏拉圖主義者活動的時期中，原本中期柏拉圖主義時期的斯多葛學派與逍遙學派逐漸淡出舞台，而代之的是基督教、諾斯底主義和赫密士主義（Hermeticism）等新興宗教和神祕思想。例如，人們認為諾斯底派的成員出入於普羅提諾的學院中（《波菲利傳》第十六章）。普羅提諾撰寫了反駁諾斯底派的論文，其弟子波菲利也撰寫文章，駁斥假借瑣羅亞斯德名義書寫的偽書。接著，當西元三八八年被羅馬帝國立為國教的基督教抬頭之際，新柏拉圖主義為了與之對抗，也採納了各種各樣的宗教要素，展現出獨特的發展途徑。

最後，柏拉圖主義成為「異教」的哲學，哲學家的生命也陷入危機。著名的女性哲學家希帕提亞（Hypatia）雖在亞歷山卓活動，但在西元四一五年遭暴徒殺害，至今尚不清楚是否為基督教徒所為。另外，普魯塔克（Plutarch of Athens, ca. 350-430）於雅典開設教授哲學的學院；而普羅克洛（Proclus, 412-485）的弟子馬理努斯（Marinus, ca. 440-500）則告訴後人一段軼事（《關於普羅克洛或者幸福》第十一章）：當年輕的普羅克洛終於來到雅典後，完全無懼他人眼光便開始對著月亮禮拜，使周遭的哲學家們倍感衝擊。此處可以看出當時連此種對月亮公然膜拜也不受允許的社會氛圍。此種社會壓力增強後，繼承學院的普羅克洛也遭「宛如巨大禿鷹的人們」（暗指基督教徒）包圍，使普羅克洛不得不在一年內離開雅典（同書第十五章）。西元五二九年，隨著異教哲學教育被禁止，學院教育也隨之消失。當時的學院長達馬希烏斯（Damascius, ca. 462-538）帶著弟子如辛普利修斯（Simplicius，五—六世紀）等人前往波斯，尋求霍斯勞一世（Chosroes I）的庇護。然而，前往該處的哲學家對所受待遇感到失望，待東羅馬與波斯簽訂協議後，據說他們便離開了波斯，而且之後行蹤不明。

西元五二九年，以柏拉圖為權威、並致力於解釋其文本的柏拉圖主義傳統就此斷絕。但在此之後，亞歷山卓的柏拉圖主義者們似乎仍以註解亞里斯多德為核心持續活動，例如費羅普勒斯（Philoponos, ca. 490-570）即是基督教徒，而且小奧林匹奧多羅斯（Olympiodorus the Younger，約西元六世紀）的弟子中也有許多基督教徒。此外，大約於西元六世紀，活躍於敘利亞的基督教神學家偽狄奧尼修斯（Pseudo-Dionysius the Areopagite），據推測在閱讀普羅克洛的文本後，開始發展出自己的獨特神學。隨後，新柏拉圖主義者的著作在九世紀被翻譯成阿拉伯語並加以詮釋，廣泛流傳於東方。由此，柏拉圖主義的傳統宣告結束，而基督教哲學與阿拉伯哲學則展開了新的篇章。

二、註釋的傳統

如何為柏拉圖作註腳？

現代著名的哲學家懷海德（Alfred N. Whitehead）表示：「若要對歐洲哲學傳統作最保守的概括，它是由對柏拉圖的一系列註腳組成。」（引自第一冊第一章第二節）在確認某人的主張是否為真時，人們會訴求事實。然而該事實或許位於某哲學傳統的有力思想框架影響中。在懷海德的著作中即有知名的一節，企圖掌握這種西方哲學的框架。此種公式化（formulation）的作法是否正確尚可議論，而本章處理的柏拉圖主義者則擁有與此相似的哲學史觀。

依據活動於敘利亞地區的努美紐斯（Numenius of Apamea，西元二世紀前後）所稱，柏拉圖哲學被割裂成為各個部分，這些部分也因此遭受批評和攻擊。例如，在希臘化時期，學院派與斯多葛派展開了激烈的論爭，然而他們各自只掌握了柏拉圖哲學的一部分，導致無法看見全貌而持續爭論。其實，如果他們能了解柏拉圖哲學的整體，就不會對彼此的部分發起攻擊。這樣的爭論不過是基於自我矛盾與誤解所構建的柏拉圖思想之間的空洞交鋒（斷片二四—二五）。

柏拉圖主義者們試圖重新建構柏拉圖思想的整體結構，這一過程主要透過對文本的閱讀與註釋來實現。如果依照這個見解，追求真理的哲學實際上只不過是對柏拉圖的註釋。因為在確認某項主張的真偽時，所應參考的「事實」只有柏拉圖。柏拉圖主義者們將會在懷海德的論述中補充說：只有柏拉圖哲學方為「事實」，方為真理，亦即權威。

雖然被稱為「權威」，但對於權威的態度卻各有不同。當某人X對某事物有信任，並將另一人或物Y視為權威時，Y便成為X的權威。問題在於「信任」的程度。這種信任有時擁有正當的根據，有時則是懷疑，甚至可能是盲目的。柏拉圖主義者承認柏拉圖在真理上的權威，但並非盲目地信任他。正如柏拉圖所言，書寫的文本若無作者便無法保全自身〔《費德魯斯篇》（*Phaedrus*）二七五D－E〕。柏拉圖主義者們針對亞里斯多德、斯多葛派的批評及其他柏拉圖主義者的詮釋來自我解釋，並展示柏拉圖主張的正當性。

在新柏拉圖主義中，註釋的方法逐漸形成了一種固定的模式。在予以加註之前，通常會先處理各著作的意圖、真作與偽作的問題，以及這些作品在教學中的定位、讀者或註釋者所需的預備知識等細項，其中亞里斯多德被定位為柏拉圖哲學的引介者。此外，波菲利的《導論》（*Isagoge*）成為整體哲學課程的入門文本；之後針對這本《導論》的註解與名為《哲學入門》的著作也逐漸增多。

柏拉圖對話錄的分類

這個時代把柏拉圖當作權威的學者們，整理了柏拉圖的著作。據西元三世紀的傳記作家第歐根尼．拉爾修的記載，在羅德島活動的斯拉蘇盧斯（Thrasyllus，約西元前一世紀－一世紀）模仿悲劇的形式，將柏拉圖的著作整理成九編的四部曲。最初出現的活字印刷版——阿爾丁版（一五一三年）也採用了這種四部曲的編排方式。直到今天，牛津古典叢書出版的柏拉圖全集也沿用這種格式。此外，第歐根尼還闡述了根據柏拉圖著作的性質來進行分類的方法。

在古代，並沒有基於作者執筆時期推測的分類方式（初期、中期、後期），但在現代卻是常見的。然而，古代仍然存在對於應如何閱讀某篇對話錄的討論。斯拉蘇盧斯在其第一編的四部曲中，收錄了以自蘇格拉底受審至死刑執行為止為背景的幾個對話篇，包含了《遊敘弗倫篇》（*Euthyphro*）、《蘇格拉底的申辯》、《克力同篇》（*Crito*）、《斐多篇》等。此處大致可以見到他以蘇格拉底作為入門的意圖。然而，阿爾比努斯（Albinus，約西元二世紀）認為柏拉圖的著作如同圓形般完美，因此不存在應該從何處開始的問題。若從教育觀點來看，他主張應該從讀者的條件——如年齡、是否為公民、是否參與政治活動等——來考慮柏拉圖著作的閱讀起點（《柏拉圖的哲學敘說》第四—五章）。

新柏拉圖主義的時代進一步確立了其思想的順序，一如宗教教義。據說，楊布里科斯（Iamblichus, ca. 245-320）將《蒂邁歐篇》視為自然學的頂點，而《巴門尼德篇》（*Parmenides*）則為神學的頂點。為了實現這一目標，他選擇了十篇對話錄，並為其設定了順序（作者不明，《對柏拉圖哲學的序說》第十章）。此外，他還進一步劃分了德行的各階段及其提升過程：倫理性（個人性格）、公民／政治性、淨化性（將靈魂與身體分離的階段）、觀想性（純粹的知性活動）。在學習這些柏拉圖著作之前，還有亞里斯多德的作品和哲學入門等讀本。這些最終皆導向學習柏拉圖哲學，並朝著提升到「神」（善／一）的終極目標邁進。

一般而言，研讀柏拉圖既是知識的修練，也是精神的涵養（道德的涵養）。中期柏拉圖主義的特勒斯（Lucius Calvenus Taurus，約西元二世紀）對當時人們閱讀柏拉圖時僅挑選自己想讀的對話篇曾感嘆道：「甚至有些人們，比起想豐富自己人生，其實只是為了潤飾自己的詞彙或辯論而閱讀柏拉圖」（格利烏斯（Aulus Gellius），《阿提卡之夜》（*Noctes Atticae*）第一卷第九章第十節）。實際上，對柏拉圖文本予以註解的行為並非僅僅是追求學術上的正確解釋，而是基於柏拉圖的思想，追求更好的生活方式。

三、柏拉圖主義的基本思想

素材與形式

自古以來，西方哲學一直試圖探求事物的原因與原理。理解周遭事物，就是理解其背後的要因與原理。在這段追尋要因的歷史中，柏拉圖主義有一個特徵，即被稱為「理型」的超驗原理。不僅於此，羅馬帝國時期的斯多葛學派哲學家塞內卡舉出了五個——數量稍多到略顯諷刺——柏拉圖主義的要因（《道德書簡集》六十五），除了亞里斯多德的四要因：質料因、動力因、形式因、目的因之外，尚追加了一個範型因。例如銅像的青銅為質料因，製作者為動力因，青銅之中具有形狀乃形式因，而製作者參考的模型則為範型因，製造者的意圖則為目的因。此處被稱為範型因者，即為理型。根據不同的柏拉圖主義者要因數量也有變化，此處將嘗試依照此五項要因探究柏拉圖主義的基本思想。

首先事物及其本質的「質料」，並不帶有任何性質。關於質料，中期柏拉圖主義的普魯塔克與阿提庫斯（Atticus）認為這是一種動態的原理，因為形式的進出，導致事物的生成與消亡。包括新柏拉圖主義者在內的許多論者，也將其視為一種「無物」或純粹的受容性。努美紐斯與普羅提諾視此為「惡」，有學者指出這是受到諾底斯派的影響。無論如何，質料是一種不進入人類感知的存在；它是支撐人們所認知事物的根本，並使各種事物無法穩定地存在。

事物因為質料而得以形成其形式。這種形式傳統上被稱為內在形式，通常被視為亞里斯多德思想的產物。根據亞里斯多德的觀點，了解某事物所展現的形式（即該事物的本質），只需掌握其根本質料，即可獲得對該事物的知識。例如，人性中包含理性的運作、欲求，以及成長與發展等行為。我們首先透過經驗來掌握這些活動（形式），進而分析人類的本質功能。此外，現代的我們也能理解到，腦內某腦葉的神經細胞處於何種狀態，並且在材質層面上了解到細胞在生長過程中的活動。亞里斯多德的思想，正是以這種對人類本質的經驗性發現作為起點。

對柏拉圖主義者而言，雖然人類可以透過材質和形象來加以說明，但這並不僅限於此。經由感覺來察知人類，我們最多只能掌握表面的性質、量、形狀和舉止等特徵。而在繪畫的顏色、銅像的形狀、精巧機器人的舉止與表情中，也能發現與人類相似的特質，如膚色、量、形狀和舉止等，這些特質甚至在非人類的物體中也能察覺。然而，就像我們無法從繪畫、銅像或機器人中提取出人類的本質一樣，僅憑感官也無法理解人類的本質。即使我們對神經細胞加以染色，並透過電子顯微鏡觀察人類活動，也絕對無法觸及這些活動的本質。這一點正是柏拉圖主義對質料與形式理解的特點所在。

理型

那麼，要如何才能獲得理解人類的知識。柏拉圖主義者認為，人先天具備一種人類的理型。負責人類功能的靈魂是獨立於身體存在的，即使身體死亡，靈魂依然能夠存續，屬於不死的存在。這種靈魂已透過某種方式認識理型，因此潛藏著對人類本質的理解。中期柏拉圖主義者認為，這種潛藏的理解是人類共同擁有的概念。此外，又被稱為新畢達哥拉斯派的柏拉圖主義者還認為超越物體理型的部分，可以透過畢達哥拉斯原理中的「數」來掌握。雖然柏拉圖並未提及此種論述，但我們可以認為他們係從畢達哥拉斯的言說中承繼此種觀念。根據此種畢達哥拉斯—柏拉圖主義，未被限定的「不確定之二」（ajovristo duav）乃被「一」所限定而形成的數與理型。在中期柏拉圖主義中經常可見類似這樣的思潮，而且又被新柏拉圖主義所採納。

接著，對在身體中運用感覺器官的靈魂而言，認知理型並非易事，甚至是不可能的。即便如此，靈魂仍然能夠透過感官感知人類。當我們以內在形式掌握靈魂的功能與特徵時，就能喚起人類的理型。這種內在形式如同喚醒對人類本質的理解，是理型的擬似物或一種影像。此透過內在形式想起理型的過程被稱為「回憶」（Anamnesis），但其本身並非對理型的認知。只有在靈魂脫離身體，並以純粹的狀態認識智慧時，才能真正掌握理型。

另一方面，研究者認為，普羅提諾視人類靈魂的一部分始終與理型共存。知性（理型）寄宿於靈魂中，雖然人類在日常意識中並未察覺，但靈魂的某一部分始終面對著理型。因此，普羅提諾認為靈魂不應專注於感官，而應轉向自身內部的意識。他也記錄了自己靈魂暫時脫離身體的神祕體驗。與此相對，晚期新柏拉圖主義者則認為，亞里斯多德的經驗主義認識論透過將感官認知的回想過程納入理解的必要階段，與柏拉圖的理型的認識論基本一致。從這一觀點出發，人們首先需要透過亞里斯多德的質料與形式論來學習自然界的事物，當準備充分後便可以開始閱讀柏拉圖的著作，並根據自身淨化後靈魂的智慧認知來把握理型。

創造宇宙與善因

理型是超越的，並不內在於世界，但宇宙卻展現出某種規則性和和諧。其結構如此精巧，使得宇宙中存在著被稱為自然法則的規律。然而，這是如何實現的呢？若不承認超驗的原理

（理型或神），那麼就只能認為宇宙的現狀是偶然形成的。針對這一點，柏拉圖主義者根據柏拉圖的《蒂邁歐篇》（二十九，A—B），主張造物者〔Demiurge（德謬哥）、神〕以理型作為典範，旨在將世界塑造成最佳狀態。

這篇關於宇宙創造的著作是柏拉圖思想中最常被提及和引用的對話篇。特別是描述宇宙「形成」（二十八B）的一節成為了爭論標的。對於柏拉圖主義者而言，宇宙被視為擁有靈魂的生物。因此，宇宙形成的問題實際上等同於宇宙靈魂何時被創造的問題。但在柏拉圖的另一對話篇《費德魯斯篇》中，卻提及靈魂「並非生成出來的」（二四五D）。靈魂是否擁有某種起始點，在柏拉圖主義者之間的解釋上也存在著爭論。

首先，我們來介紹中期柏拉圖主義者的討論。特勒斯詳細分析並解釋了「生成」一詞的含義。他指出，「生成」可以有時間上的意義，但也可以用其他方式來理解。例如，宇宙並不是像理型那樣永恆不變的存在，而是可以被視為生成和變化的事物。因此，若嚴格解讀，特勒斯主張這並不意味著靈魂在時間上有一個開始（斷片二三）。另一方面，普魯塔克認為世界的創造確實發生了。他所考慮的素材是一種在世界之前存在的不穩定運動，這種素材是非理智的，而且不受任何限制的靈魂。因此，這種靈魂如《費德魯斯篇》中所言並不具備生成的能力。然而，這種靈魂被神所秩序化，從而創造出宇宙（宇宙的靈魂），因此在這個意義上，靈魂可以說是「生成的」。

新柏拉圖主義者普羅提諾，則質疑作為工匠的造物主所「推理」之《蒂邁歐篇》的一節（三十B）。因為推理是人類思考與計算的能力。他主張應該拋棄工匠這一考量各種情況後創造宇宙的形象，因為只需透過理型及其知識的神性理性，世界便必然會誕生（第三一論考（V八）第七章）。神充滿對理型的熟知理性，因此「決不會引發小氣的嫉妒心」（《蒂邁歐篇》二九E）。如同光輝的太陽發出光明，這個世界也是從充滿理型的世界中溢出而來。這一觀點被稱為新柏拉圖主義的「流溢說」（Emanationism）。這裡的發出並非指時間的起始，而是描述一種因果依賴關係，類似於光源消失後光明也會隨之而逝。普羅提諾認為，理型是永恆不滅的，而這個世界則始終依賴理型的世界而存在。

神不僅是創造世界的動力因（Efficient Cause）。神為善，不僅要使宇宙成為最善，還要使其永久持續。神賦予宇宙協調與永續性的作為稱之為「天意」（pronoia）。當然，神並非透過感官思考各種個別事務，而是透過理型的認知，以超驗性的方法來關照這個世界。因此，世界之所以能夠協調且永續，並且你能擁有身體（質料）與靈魂（形式）並能行動，皆是因為至善之神的天意所致。普羅克洛認為，正是因為這種肯定超驗性智能的存在，並且能夠說明神的善性思想，才展現出柏拉圖哲學的優越性，是其他學派無法比擬的（《柏拉圖神學》第一卷十五章）。

這種關於神的善性與超驗性的思想對基督教神學產生了影響。然而，費羅普勒斯在《關於世界的永恆性》（*On the Eternity of the World Against Proclus*）一書中，基於基督教的教義，強調世界是有始有終的，因而對非時間性宇宙的創造及其永恆性觀念提出了批評。

四、活在柏拉圖思想中

倫理——趨神化

對於柏拉圖主義者而言，由神所創造的宇宙是擁有靈魂的生物，也是可見的至善之神（《蒂邁歐篇》九二C）。這樣的生存方式，才是人們應該追求的目標。大多數中期柏拉圖主義者認為，造物主是善的，而新柏拉圖主義則將善的理型視為「超越存在」（希臘語：epekeina tes ousias）（柏拉圖，《理想國》五〇九B），甚至認為造物主本身就是一種超驗的原理。儘管存在這些差異，所有柏拉圖主義者都認為，模仿宇宙的秩序是倫理的根本所在。

宇宙，作為生命體，模仿著眺望理型的神，存活於理性之中。在宇宙中的植物與動物則屬非理性，不逾越本分，遵從自身的自然本性活著。人類與宇宙的靈魂相同具有理性，但卻委身於非理性的欲求，最終捨棄自身的理性本性而活著。因此，人類得壓抑欲求與情感，實現由理性支配的生活，亦即必須追求如神一般的生存方式。柏拉圖的《泰阿泰德篇》（*Theaetetus*, 176A-B）中，將此種生存方式描述為「趨神化」（希臘語：homoiōsis tō theō）。

所謂的趨神化，在新柏拉圖主義透過階段式的教學課程而獲得系統化。首先是根據培養天然擁有的性質、性格並加以引導的階段（天然的美德），接著是透過正確的習慣來形成性格與欲求的階段（倫理的美德）。之後是成人後的公民、參與政治時必須習得的政治、公民美德。更進一步則是從身體行動提升至淨化靈魂的階段（淨化的美德），達到僅靠靈魂的理性行動階段（觀照的美德）。無論任何階段都以智慧、節制、勇氣、正義為美德核心，之後又被稱為「四樞德」或「四元德」。

而在美德的各階段，則如前述與如何閱讀柏拉圖著作有所關連。例如，在《斐多篇》中，蘇格拉底正處於淨化的階段。他努力淨化自己的靈魂，因此在面臨死刑時表現出有節操的舉止，展現出不畏身體痛苦的勇氣，為了追求正義與知識而甘願飲下毒酒。而在《高爾吉亞篇》中，自稱「從事真正政治工作」的蘇格拉底，被視為具備政治和公民美德的理想形象。這些美德的各個階段被認為，在具備上層美德的同時，也必然擁有下層美德，並且以更優秀的方式擁有這些美德。新柏拉圖主義者認為，即使蘇格拉底被迫參與政治活動，他所擁有的淨化美德依然高於僅具備公民美德的人，並透過這種方式得以展現他的勇氣與正義。

宗教思想與「永遠的哲學」

柏拉圖主義認為，存在著超越這個世界的智慧，而追求這種智慧的生活方式即為趨神化，這使其與具備相似思想的世界性宗教密切相關。確實克理索（Celsus，西元二世紀前後）、波菲利等柏拉圖主義者針對基督教及聖經撰寫過反駁的書籍，但同時努美紐斯也認為舊約聖經〈出埃及記〉（第三章十四節）神所言「自有永有的」，實際上與柏拉圖思想的永恆之第一原理相一致，甚至陳言「柏拉圖正是使用阿提卡語的摩西」（斷片八）。

努美紐斯認為，柏拉圖的思想不僅與畢達哥拉斯的理念相符，還與印度的婆羅門、猶太人、波斯的穆護（Magi，祆教祭司、占星術師）、埃及人的儀式及教義一致，因此這些思想也必須納入考量（斷片一）。據說普羅克洛讚頌如迦薩（Gaza）的瑪納斯〔Marnas，即非利士人（Philistines）的神大袞（Dagon）〕、阿拉伯人的神、埃及人的伊西斯神（Isis）等諸神。馬理努斯曾說，普羅克洛的口頭禪就是「即便哲學家是某個城市的祭司，也不應僅僅成為遵循特定儀式的祭司，而應成為揭示整個宇宙奧祕的人」（《關於普羅克洛或者幸福》第十九章）。因此，認為所有宗教思想與柏拉圖思想一致且調和的思考傾向，若引用同樣認為所有思想、文化和宗教皆與基督教相一致的十五世紀義大利人文學者斯圖科（Agostino Steuco）的說法，也可稱之為「永恆的哲學」。

在西元二世紀後半，出現了基於柏拉圖主義思想的宗教著作。據說來自敘利亞帕邁拉（Palmyra）的貝爾神殿（Temple of Bel）祭司，迦勒底人尤利安（Julianus）與他的兒子共同編輯了《迦勒底神諭》（*Chaldean Oracles*）。這部今日僅剩斷簡殘篇的神諭係基於柏拉圖主義的體系，傳授達成趨神化的祕密儀式。這種被稱為「神通術」（Theurgy）的技巧，是種將人類靈魂與身體及感情分離，在神前請出更高神力的術法。出身敘利亞的努美紐斯與楊布里科斯，因地理接近而受到《迦勒底神諭》的深刻影響，他們之後更塑造了柏拉圖主義流派的形式。這部神諭表明，人僅僅依靠哲學的修練無法達成真正的幸福。此外，在透過哲學修練所獲得的美德基礎之上，又確立了藉由名為「神通術」的宗教儀式所獲得的「神通術的美德」。

至此，柏拉圖哲學是否已經不再只是一種哲學，而是達到了非理性或超越理性的宗教境界呢？若不依賴理性而是依靠神祕儀式的力量，這是否意味著偏離哲學的一種墮落？或許有人會提出這樣的批評。然而，柏拉圖主義者並非盲目地高舉「永恆的哲學」這一理想。此外，來自不同宗教、文化和民族背景的柏拉圖主義者們，除了共同察覺到唯有柏拉圖才是真理，還試圖拓展多元解釋，認為柏拉圖哲學與其他宗教之間存在一致性。在當今的哲學界，不也是盲目地廣泛接受以歐美為標準的理性思維嗎？在日本閱讀柏拉圖，實際上具有特殊的意義。在複雜的文化與宗教背景下，柏拉圖主義的多樣發展呈現了哲學在全球社會中應有的樣貌。

延伸閱讀

阿爾比努斯等著，中畑正志編，《柏拉圖哲學入門》（西方古典叢書，京都大學學術出版會，二〇〇八年）——說明如何閱讀柏拉圖哲學，並翻譯了第歐根尼・拉修爾與自中期起至新柏拉圖主義為止的著作。收錄了中期柏拉圖主義的阿爾喀諾俄斯（Alcinous）的《柏拉圖哲學課程》

與阿普列尤斯（Lucius Apuleius）的《柏拉圖及其說教》等。

田中美知太郎編，《普羅提諾／波菲利／普羅克洛》（世界名著15，中央公論社，一九八〇年）——收錄了普羅提諾《九章集》節譯、波菲利《導論》、普羅克洛《神學要旨》等。書本較舊或許有些難讀，不過可以直接接觸新柏拉圖主義思想為其優點。田中美知太郎與水地宗明撰寫的〈新柏拉圖主義的成立與開展〉是優秀的入門文章。

內山勝利編，《帝國與賢者：地中海世界的睿智》（哲學的歷史2古代2，中央公論社，二〇〇七年）——在〈柏拉圖哲學，亞里斯多德哲學的復興〉中，介紹西元前一世紀以降的中期柏拉圖主義與逍遙學派，及其復興的背景。另還可參考〈普羅提諾與新柏拉圖主義〉。書末的詳細的參考文獻也相當有幫助。

水地宗明、山口義久、堀江聰編，《寫給學習新柏拉圖主義的人》（世界思想社，二〇一四年）——本書涵蓋了新柏拉圖主義思想與其對中世紀、近世的影響史。「專欄」部分包含了從印度哲學、日本西田哲學、一直到今日法國的後現代思想等，範圍廣泛，表現出柏拉圖主義在世界各地的廣泛流傳。

專欄二

尤利安的「生活哲學」 中西恭子

羅馬皇帝尤利安（Flavius Claudius Julianus，三三一／二—三六三在位，副帝在位期間三五五—三六一，正帝在位期間三六一—三六三）相當憧憬羅馬皇帝馬庫斯・奧理略。而這位文人皇帝尤利安的著作，即記錄了他自身的生活哲學。

尤利安的父親是君士坦丁大帝（君士坦丁一世）的同父異母弟弟尤利烏斯・君士坦提烏斯（Julius Constantius），尤利安為三男，出生後不久母親便身亡。君士坦丁大帝過世後，尤利安的父親與長兄在皇室內鬥中遭殺害。從小就浸泡在宮廷權謀術數中的尤利安，將廣大的精神世界視為他心靈的「故鄉」。君士坦提烏斯的嫡子君士坦丁二世監視著尤利安的一舉一動，偶爾也利用他，但即便如此也無法阻止尤利安的求學意志。西元三五四年他認為應當學習新柏拉圖主義而前往小亞細亞遊歷，期間獲得優西庇婭（Eusebia）王妃的協助，得以前往雅典學習一年，隔年他被指定為副帝並前往日耳曼尼亞（Germania）及高盧（Gallia）平亂，並在赴任處獲得極高人望。西元三六〇年尤利安獲軍隊擁戴成為正帝。三六一年秋，君士坦提烏斯在前往討伐尤利安的途中病逝，尤利安於同年十一月，成為唯一的羅馬皇帝並凱旋返回君士坦丁堡。

在基督教以外，仍有一些人肯定與「神」相遇的場域，並致力於祈禱和超越性的哲學生活。學習了這一思想的尤利安，與神祕學家以弗所的馬克西穆斯等人交往密切，即便在赴任高盧期間，仍與這些師友保持書信往來，並將他們邀請到宮廷，致力於復興「自古以來的諸神宗教」，同時對基督教內部的爭鬥予以嚴厲懲罰。尤利安從楊布里科斯的《關於埃及人的祕密儀式》（*On the Mysteries of the Egyptians, Chaldeans, and Assyrians*）獲得啟發並加以實踐，揚布里斯科認為儀禮與祈禱乃與「神」相會的場域，而尤利安這種做法與君士坦提烏斯厚待亞流教派、排斥其他宗教的嚴苛宗教政策形成鏡像般的對比。從西元三六二年七月起，直到三六三年三月為止，君士坦提烏斯在安條克（Antioch）冬營時，即便當地發生饑饉卻未曾善加對應，反而優先籌備祭祀典禮，導致當地居民的極度不滿。

尤利安彷彿生命已所剩無幾般地拚命著述。例如：他援用楊布里科斯派的新柏拉圖主義思想，認可帝國內普遍存在的崇敬太陽神、地母神與對其供養犧牲的作法（《太陽神的讚詩》（*Hymn to King Helios*）、《大地母神的讚詩》（*Hymn to the Mother of the Gods*）；以首任皇帝奧古斯都以降的歷代羅馬皇帝被選為守護神為題材書寫諷刺文學〔《凱撒》（*The Caesars*）〕，並因未能受到安條克民眾理解而自嘲的《厭鬍者》（*Misopogon*）；以英雄史詩與柏拉圖著作為經典，摸索學術探討的《給祭司的書簡殘篇》（*Julianus, Ep. 8gb*）等等。另外以殘篇知名的《反駁加利利人》（*Against The Gallaeans*）中，尤利安則指責亞流論爭時期的聖經解釋不夠成熟，以及基督教對其他宗教的排他性。這是這個首位於少年時期便接受洗禮的羅馬皇帝，對親眼所見之「大地之城的宗教」所提出的直率質疑。

西元三六三年六月，尤利安在波斯領土上的戰爭中戰死。他的著作成為傳達這位文人皇帝思想與挫折的重要載體，這些作品甚至延續至拜占庭時期。對於文藝復興時期以後那些關注「異教」與基督教之間糾葛的作家而言，尤利安的作品更成為他們反映自身思考的一面鏡子。

CHAPTER

nine

第九章
東方教父的傳統　土橋茂樹

東方教父の伝統

一、在教父之前

古代希臘發展出一種名為「城邦」的地方政治共同體，隨著羅馬帝國的擴展，這一制度逐漸傳播到整個地中海地區。因此，除了政治與社會制度之外，發源於古希臘的哲學及各地區的倫理思想，以及各民族固有的傳統宗教等重大變革，也如同浪潮般席捲各地。特別是在宗教領域，基督教的建立過程展現了一部壯麗的世界史劇碼，其中涵蓋了從柏拉圖、亞里斯多德到希臘化時期的各種希臘哲學傳承，並與扎根於希伯來主義的猶太教交錯融合。此際登上歷史舞台的，正是身為古代基督教會指導者的「教父」們。這段時期他們主要活躍於東羅馬帝國，本章將討論這些精通希臘化文化的「東方教父」（或稱「希臘教父」）。

超驗根據如何在世界中發揮效用

談及東方教父時，無論如何都無法避開一個神學性的問題，那就是「神究竟是什麼？」然而，對我們日本人而言，與其說「神」，不如說「諸神明」更為親切。如同日本「記紀神話」（古事記和日本書紀）所示，從天地諸神到鳥獸草木、山川大海，所有擁有非凡能力者皆被賦予神格。我們這種傳統的「神」觀，其實與古希臘神話中的「神」觀非常相似，而且無論哪一種神話，諸神的世界都與我們的世界交織在一起，形成一個彼此連接的連續體。

相較之下，基於猶太教的一神信仰，認為「神」是超越我們所處的自然世界，具備無限智慧與力量的超驗全知全能存在。不僅人們無法以肉眼看見神，關於神的「真相」也完全無法被人類知曉或解釋。因此，神與我們截然不同，兩者之間不存在任何共通性或連結性，人與神之間唯一的關係便是：神凌駕於世間萬物之上。有趣的是，這種對「神」的觀點，與許多古希臘哲學家批判多神論後所推導出的萬物終極原因，即「哲學家的神」在概念上有相似之處。實際上，猶太教的創世神話告訴我們，唯一的神創造了這個世界與宇宙的萬物，神就是萬物的根源。

但是，此處潛藏著重大的哲學性問題。追究起來，這位唯一超驗的神，有什麼證據足以證明這個蘊含無數要素的世界，就是祂創造的嗎？用一個易於理解的比喻來說，當建造一棟房子時，無論建築師如何在腦海中構思出理想房屋的形象，最終也無法僅靠想像建成一座房子。因為，建築師必須親自到達工地，將木材與石材實際組合，才能完成這棟房屋。如此一來，神在創造世界時，是否也是如此？祂不僅僅是在自己的腦海中想像世界，而是必須親自降臨到世界的「工地」——物質世界，並在那裡實際勞作才能完成創造嗎？但若真是如此，那麼此時的神，是否還能被視為超越這個世界的存在呢？

著手處理此一困境的是斐洛（Philo Judaeus, ca. 25-50）。他住在埃及的亞歷山卓，是一位以希臘語為母語的流散（diaspora）猶太教信徒，精通柏拉圖哲學，也是對《摩西五書》（*Five Books of*

Moses）的寓意解釋方面有重大貢獻的聖經註解者。斐洛對於《創世記》中關於神創造世界的記載，以及柏拉圖在《蒂邁歐篇》中有關宇宙創造的理論相結合，有大膽的詮釋。他借鑒了柏拉圖的構想，即造物者在凝視永恆不變的理念時，創造了宇宙。斐洛基於這一構想，提出了他對《創世記》的詮釋，認為在世界創造的過程中，超越的神與世界之間是透過「神的邏各斯」（Logos）來作為媒介。那麼，「神的邏各斯」究竟是什麼呢？要解釋這一點，我們首先需要從《舊約聖經》的希臘語翻譯問題談起。

《七十士譯本》的完成與猶太教的希臘化

「舊約聖經」這一名稱，僅是基於與新約聖經的關係而在基督教中使用，原本是指一部由希伯來語寫成的猶太教經典。這部希伯來律法書——《妥拉》（*Torah*）——被翻譯成當時地中海世界的通用語希臘語後，便稱為《七十士譯本》（*Septuagint*）。根據傳說，因為西元前三世紀亞歷山卓圖書館第一任館長德米特里奧斯（Demetrios）進言，埃及法老托勒密二世（Ptolemy II Philadelphus）遂命以色列十二支派（Twelve Tribes of Israel）各派出六名熟習希伯來原典《摩西五書》且精通希臘文的長老輩學者，共計七十二人協力完成翻譯此經典的大工程——之後為了方便稱呼而將長老人數改為七十人，稱為《七十士譯本》。然而，實際上這次翻譯的動機，很可能是因為以希臘語為母語且不懂希伯來語的流散猶太人，以及日益增多的改信猶太教的人，促使猶太經典需要翻譯成希臘語。無論如何，自西元前三世紀至西元一世紀間，這一史無前例、持續多時且完整的翻譯工程，對後世產生了不可估量的深遠影響。

耶穌曾明言，祂的降臨是為了成全舊約的律法和預言（《馬太福音》五：十七）。因此，記錄耶穌言行的福音書描述祂如何實現舊約中關於彌賽亞（救世主）降臨的預言。而對於包括這些福音書在內的新約聖經來說，舊約聖經是不可或缺的基礎文本。在這種情況下，能夠以希臘文引用舊約，對於使用希臘文撰寫的新約聖經而言，具有極為重要的意義。換句話說，透過對新約聖經來說不可或缺的《七十士譯本》，基督教雖根植於希伯來主義，但其基礎早已卷入希臘化的浪潮中。隨著亞歷山大大帝東征，希臘文化與思想向地中海世界廣泛傳播，包括埃及的亞歷山卓在內，散居各地的猶太知識分子與希臘文化之間發生了豐富的交流，這最終也促成了基督教的誕生。可以說，基督教的形成在某種程度上也是希臘化運動的成果之一。

此外與《七十士譯本》並行，屬於舊約聖經第二正典的〈所羅門智訓〉，也在西元前一世紀由亞歷山卓的猶太人直接以希臘語撰寫。其中談及的「智慧」，乃「是神之能的一口氣。一股來自全能者的純潔而閃光的榮耀之流。」（《所羅門智訓》七：二十五），「是無限光明的一個映像，是神之活動與善性的一面完美無缺的鏡子。」（《所羅門智訓》七：二十六）此處所謂的「無限光明的一個映像」，亦即「聖像」（Icon），根據《七十士譯本》〈創世紀〉的「神說：『我們要照著我們的形象、按著我們的樣式造人』。」（一：二十六－二十七）可以解釋為：為了讓人的形象類趨神化，而將聖像定位成神與人之間的典型、原型。此種聖像中的「智慧」與斐洛的邏各斯（logos）概念息息相關，而後文提到亞歷山卓的奧利振則認為「智慧」本身作為一種固有且實存的事物，與基督教中的神之子耶穌的實在性相關聯。無論如何，在當時希臘化的猶太教徒中，這種思想潮流的興起由斐洛主導，他被視為這種趨勢的模範代表。

斐洛的「神之邏各斯」

在斐洛的思想中，「神之邏各斯」是個非常重要的概念，也是最能表現他思想的神學概念。首先，「邏各斯」這個希臘文詞彙，指涉理解語言、言論、比率、法則、道理的能力，也就是理性，是希臘哲學的基本術語，至於採用哪個意思，必須配合訴說的脈絡才能下判斷。在這層意義上，斐洛的邏各斯說法深受柏拉圖《蒂邁歐篇》的影響，即便如此，我們也不可忘記這個他固有的概念並無未出現於該對話篇中，而是在猶太教的脈絡中被訴說。

根據斐洛的說法，建築師內心描繪的理想房屋並不存於外界，一如僅在建築師心中的意象般，被當作是親眼可見之現實世界的理型模範，也就是所謂的「理想的世界形象」（kosmos-éthos）。而這個意象只存在於「為各種典型制定秩序的神之邏各斯」中。在這種情況下，確實「神之邏各斯」可以被視為柏拉圖《蒂邁歐篇》中的「理型」，但其真正的意義在於，它不僅是為了創造世界的計畫案而提出的統一、結構化的理型，也表現了神對全體理型的思考，並且同時蘊含了在創造世界過程中實際行動的神之「力量」的意涵。特別是後者，與柏拉圖「造物主」概念相吻合，在「作為神創造之協助者、輔助者的邏各斯」這層意義上，也可以當作是「被實體化之邏各斯」概念的萌芽。

此處「被實體化之邏各斯」意味著什麼？具體舉例說明大概會更容易明白。斐洛從舊約聖經〈創世紀〉開頭的「神說、要有光」一段出發，關注神在創世第一天的最初話語（邏各斯）。正如同自泉水湧出的河川一般，話語（邏各斯）從神口中流出，而斐洛認為此處存在著兩種邏各斯。

> 邏各斯之中，其中之一如湧泉，另一則如從湧泉處四散的流水一般。換言之，思考的邏各斯就如湧泉，另一發自口、舌的言語，則如流淌四處的流水一般。（《亞伯拉罕的遷居》七一）

此處同樣透過「自湧泉至流淌」的隱喻（metaphor），將「內心中的邏各斯」（理性思考）與「發表言語的邏各斯」區分為兩個位相，即內在於神且與神的思考一致的邏各斯（或可說就是思考本身），以及從神分離、獨立的言語邏各斯。這兩個位相的差異始終包含在其內部，最終形成「從邏各斯到邏各斯的發出與流動」這樣一個連續的關係。

然而，斐洛認為自神流出者，並非邏各斯：

神乃切實、唯一的存在，相對於此，神最高的能力有二，曰善性與主權。神根據善性生出萬物，再根據主權統治萬物。在兩者之間協調統合的第三項為邏各斯。因為，經由邏各斯的神，既是統治者，亦是善者。（《智天使》二七—二八）

換言之，可以這樣理解：作為真實存在的神，祂擁有創造世界的「善性」能力，以及統治所創世界的「主權」能力，這兩種能力透過「邏各斯」得以統合，並從神那裡流瀉而出。因此，斐洛認為由帶來惡與死亡的物質、具身性的物質世界，與絕對分離、超越一切的善之唯一神之間，形成了兩個相對立的極端。這二者透過「從邏各斯到邏各斯的流出」這一概念，呈現出一種非連續的連續性、不同一的同一性，並在這種形式中實現相對化的一體化。

二、東方教父圍繞基督神性的論爭

保羅與游斯丁的邏各斯等同於基督論

〈創世紀〉中將創造人類也當作創世的一環，把「聖像」當作主題之一，相較於此，新約聖經中留下眾多書信的使徒保羅，面對「聖像」這個主題時則強調人類內心本性的完結，亦即保羅改變了對聖像的思考方式。那麼，這究竟是什麼意思？根據「保羅書信」中的說法，神之子耶穌基督為「愛子是那不能看見之神的像，是首生的，在一切被造的以先。」（〈歌羅西書〉一：十五）如前所述，此前的「聖像」在〈所羅門智訓〉中被視為「智慧」，斐洛則認為是「邏各斯」，到了保羅終於將聖像與神之子視為同一。然而，此看法造成的結果，即：保羅把基督定位為聖像，而這與斐洛對邏各斯的定位，二者間出現了決定性的差異。

其理由如下。在斐洛的思想中，作為「聖像」的邏各斯，乃與神切割且本身就是一種固有實在性，並且在人類的認知中確實占據了範型的位置。然而，它僅僅是神創造世界的輔助者，只是作為神與人類之間的媒介而存在。因此，在這個限度內，邏各斯作為第一原理神面前的創造者性原理，其地位就如同舵手相對於船長一樣，處於從屬的位置。相對於此，保羅認為「聖像」是聖子基督，其原型為聖父神，並強調二者的對等性。換言之，根據保羅的說法，基督既「本有神的形象」，而且「不以自己與神同等為強奪的」（〈腓立比書〉二：六）。在這層意義的對等性上，〈約翰福音〉藉由耶穌的話語「人看見了我，就是看見了父」（十四：九）來做單向的說明。而決定性的重點在於，此等與神相等的基督，「反倒虛己，取了奴僕的形象，成為人的樣式」（〈腓立比書〉二：七），也就是「道成肉身」（Incarnation）。從原型與擬像的關係來看，基督作為原型，本應是人類模仿的對象，但卻反過來與僅僅是「聖像之擬像」的人類變得相似。這裡展現了基督道成肉身所帶來的擬像關係的戲劇性逆轉。為什麼這種逆轉是必要的？其意義將在後文討論，首先我們要關注二世紀時游斯丁對於耶穌基督定位的重大貢獻。

游斯丁（參考第三章）歷經聖克萊孟（Saint Clement of Rome，亦稱教宗聖克萊孟一世，西元一世紀末歿）的使徒教父時代，在迫害逐漸加強中堅忍、擁護並辯證基督教信仰的護教士群中，他是一位代表性的人物。他晚年生活在羅馬，並在自己創立的基督教學校教授哲學，最終在羅馬皇帝馬庫斯．奧里略的統治時期殉教。他的著作中，兩篇《辯解篇》主要是面對來自希臘多神論者的各種責問時，基督教所做出的辯證；相對於此，《與特來弗對話錄》（*Dialogue with Trypho*）則是以希臘化猶太教徒，而且通曉《七十士譯本》的特來弗為對手，針對邏各斯——基督論以對話體展開議論。

此處所謂游斯丁的邏各斯——基督論，理所當然除了斐洛的邏各斯論之外，也接受了部分〈約翰福音〉中「道（邏各斯）成了肉身，住在我們中間」（一：四）的「道成肉身」說法，並加以拓展。在他的論述中，承認超越且唯一的造物主這一點，顯然繼承自猶太教。然而，他在另一方面主張邏各斯是「另一位神」（即第二位神），這點帶有多神論的嫌疑，必然會招致猶太教徒的強烈批判。因此，在《與特來弗對話錄》中，游斯丁正面回應了這些批評，對他而言，這是一場為確立基督教認同而無法迴避的試煉。

游斯丁在〈創世紀〉第十八章開頭，三個男人出現在亞伯拉罕的面前，游斯丁認為中央的人是神的使者「天使」，並解釋成「（第二個）別的神」。然而，與此相對，包括斐洛在內的猶太人普遍認為創世的神經常直接與亞伯拉罕和摩西對話，而游斯丁則獨自主張，與亞伯拉罕對話的其實是被稱為「天使」或「使徒」的「神之子」。但一如他在《辨明》中所言，「耶穌基督乃神之子」；「神之邏各斯，既是神之長子，也是神本身」。游斯丁進一步指出，作為造物主的第一位神與「另一位神」（第二位神）應該都被稱為真正意義上的「神」。如果這是真的，那麼就存在兩位神，這樣一來，就無法再稱之為唯一的神了。關於這一點，游斯丁自然需要面對來自多方面的質疑，並負起舉證的責任。

如此，不同於斐洛將神的邏各斯視為神的思考與言語，包含游斯丁在內的東方教父們認為，神的邏各斯與神分別存在，而且又等同於具有別的神格的耶穌基督。對這些東方教父們而言，聖父上帝與聖子耶穌是否為「兩位」神，或者他們其實是唯一的「一位」神，成為了非常緊要的問題〔即所謂的「基督論」（Christology）〕。

亞流論爭

在亞歷山卓，繼聖克萊孟之後，據傳奧利振（Origen, ca. 185-254）曾在西元三世紀前半於阿摩尼阿斯・薩卡斯（Ammonius Saccas）開設的私塾學習。他撰寫了大量的《聖經》註解，並編織出對後世神學影響深遠的體系。然而，在他去世三百年後，他遭受異端宣告，著作也被廢棄，經歷了極為坎坷的命運。由於「正統性」是被稱為「教父」的嚴格神學條件之一，奧利振因異端標籤長期未被視為教父。然而，今天，基於他卓越的貢獻，將他視為教父已成為普遍的共識。

對於他的聖經解釋是否受到柏拉圖主義的影響，學者間的意見紛歧，但研究者咸認他確實有受到舊約聖經的影響，也受到斐洛的重大影響。特別是受舊約聖經第二正典〈所羅門智訓〉的影響很大，其中「是無限光明的一個映像」[1]這段關於「智慧」的敘述，可說成為解釋保羅書簡中對耶穌記述時的重要依據。

由於使用了「神之能的一口氣」這個發出（流出）的比喻，奧利振引發了一場長達四個世紀的論爭，其中一個關鍵概念便是「位格」（hypostasis），我們將以此為線索來探討。奧利振賦予這個詞彙兩層含義：①僅存在於思維中，與現實對立；②「個體且限定的存在」。這個詞彙是為了表達「真實存在」的意涵而使用的。奧利振主張：「真正的父親（上帝）與真正的孩子（基督），在位格（個別存在）上雖是兩個不同的實體，但他們同時透過共識、和諧，以及意志的一致性，合而為『一』。」（《駁克里索》Ⅷ，十二）因此，游斯丁透過邏各斯的神格化，使用這個明確表現存在論的概念「位格」，最終將其導入基督論的討論中。

然而，這同時也揭示了游斯丁面臨的一個難題，即如何嚴密證明在數量上明顯不同且分離的兩個位格依然是一位神的這個問題，成為了奧利振之後教父們所需解決的課題。這樣的基督

1　譯註：又譯「全能者榮光的純粹散發」、「永遠的光輝」。

論討論最終引發了一場被稱為「亞流論爭」的神學辯論，並動搖了整個基督教會的根基（關於這場論爭，可參考本書第三章）。這場論戰不僅僅圍繞亞流派的異端主張展開，更多的是此前潛伏的神學及教會政治的各種對立在此時顯現並激化，成為一連串複雜事件的連鎖反應。不過限於篇幅，此處只能概略說明。

事情的開端是，繼承由奧利振成立之亞歷山卓神學的主教亞歷山大一世（Pope Alexander I of Alexandria），提倡奧利振的所謂「聖子基督之永恆誕生」教義，亞流則正面反對他的主張。亞流的看法如下。如若聖父上帝誕下聖子耶穌，則被生者就擁有實際的生涯開端。依照這個推導，很明顯就存在聖子耶穌不存在的時期，從而必然會歸結出：聖子耶穌擁有來自無的存在（位格）。亞流否定自奧利振以來聖子耶穌與聖父上帝同樣是永恆的說法，但他的論點僅是主張：沒有起始的只有聖父上帝，聖子即便在時間上不具意義仍具備起始，在此條件下從無而生。根據這一推論，聖父上帝在位階上必然高於聖子耶穌，聖子並非來自聖父的「本質」（ousia），而是由聖父純粹的意志所創造，這最終導出了所謂的「從屬說」，即聖子耶穌從屬於聖父上帝的教義。

到了這個階段，首次出現了聖子耶穌不具備聖父上帝的「本質」、非與聖父上帝屬「同一本質」（homoousios，同本體論）的命題。無論如何，這僅是主張聖父上帝比聖子耶穌更具優位，亞流及其支持者們根據無誕生性及無始源性提出「我們承認的是唯一無誕生且唯一無始源的唯一神」。然而在尼西亞公會議（三二五）將舉辦之前，「本質」及同本體論概念成為雙方主張分歧的焦點，在不斷聚焦於此之下，最終轉變成雙方的爭論點。關於這段事實，可從原本是為了告發亞流教派異端說而召開的尼西亞公會議上所制定的尼西亞信經中清楚看出。

尼西亞信經

信經，類似信仰的規範。首先便從這個角度來思考。以下的引用稍長，這是凱撒利亞的巴西略主教（Basil of Caesarea, ca. 330-379）在其第一二五封書簡中引用的信經；除了最後的「咒逐」（anathema）以外全文引用。

> 我們相信，唯一的神，全能之父，創造了所有可見與不可見之物。
>
> 此外，我們也相信唯一的主耶穌基督，神之子，來自聖父的獨生子，亦即自聖父的本質（ousia）而生。來自神的神，來自光的光，來自真神的真神，既非被生也非被造，**祂與聖父乃同一本體**（Homoousion）。天、地及所有東西皆由其所造。主，為了我們人類，以及為了我們的救贖而降臨，成為肉身，成為人類，接受苦難，於第三日復活、昇天，為了審判生者與逝者又將再度降臨。

我們也同樣地，相信聖靈。

自尼西亞公會議以降，對東方教父們而言在哲學、神學的命題上，上述信經中重點部分衍生出來之「聖父上帝的位格與聖子耶穌的位格，在本質上相同」的「同一本體」意義，以及在此信經中揭示的，作為信仰對象的聖父、聖子、聖靈三種位格如何從他們認定的神之處獲得，也就是所謂「三位一體之神」的存在形式，面對此二者（即「同一本體」的意義與「三位一體之神」的存在形式）該做如何解釋，成為他們最大的問題。

該論爭的結構如下：①撒伯流主義〔Sabellianism，亦稱形態論（modalism）〕竭力主張：聖父上帝與聖子耶穌於存在或本質皆相同，三位格僅能在這樣的樣態下作區別；與此相對②「本體相似論者」（Homoiousian，同質說派）則為另一集團，認為各位格的存在是相異的，與本質並非相同，而是相似；③「非同質派」（Anomoeans）則竭力主張聖父上帝與聖子耶穌雖相似，但於本質上是非相似的，此派屬於另一極端。而三位一體論教義確立時期的四世紀，卡帕多奇亞（Cappadocia）的迦帕多家教父們於此爭論中一味認定「三位格即是本質存在」。

三、「趨神化」與「神化」

迦帕多家教父的動態實質論

活躍於東方希臘語圈的迦帕多奇亞地區（位於小亞細亞東部，今日以土耳其境內的世界遺產奇岩群聞名）的教父們，憑藉希臘文修辭學與哲學的深厚素養，在三位一體的爭論中縱橫馳騁，並為重要的哲學概念注入了新的活力。其中，凱撒利亞的巴西略與尼薩的額我略（Gregory of Nyssa, 335-394）兄弟，對東方教父傳統產生了深遠且無法估量的影響。接下來，首先介紹兄長巴西略的貢獻。

最初，在與非同質派論者猶諾米（Eunomios）的爭論中，巴西略的立場確實一度極為接近本體相似論派，他費盡心力才最終站到親尼西亞派一邊。但隨後在為了反駁否定聖靈神性論而書寫的《論聖靈》（*De Spiritu Sancto*）中，他受普羅提諾的影響而將聖靈解釋為「作為一個整體而遍布各處，並賦予現存生命的非實體之力」，抹除了「同本體論」概念中潛藏的、亞里斯多德之個體／實體性及本質／實體性意涵，認為只有賦予三位格關聯之神的「大能」（dunamis）與「能量」（energeia），方為神之本質。亦即，他認為應當找出上述概念，並導出一套達到動態性的本質觀。巴西略認為，個別存在的三位格（hypostasis）是作為一個個體之實體。然而，這樣的主張即是說：三個個別之物是一體，這明顯帶來了理論上的矛盾。如果這只是基於「神」這一普遍概念的本質將三位格合而為一，那麼實際上依然是「三位神」，而非「一神」。但巴西略最終的立場並非如此。他主張，三位格乃是由聖父神發出，經由獨生子耶穌，並最終達於聖靈，這是一種統一且同一的神力作用，將三位格統合為一體的本質。這大概就是巴西略的最終主張。

尼薩的額我略繼承並發展了其兄巴西略的動態本質觀，同時融入了他特有的自由意志論。確實，三位格彼此有所區別，但這並不意味著神擁有多重意志。因為只要神是善的充盈，是德行與智慧的原理，那麼在人類靈魂中存在的自我分裂便不可能出現在神的神性之中。由此，神唯一的自由意志作為神性本質的內在力量（大能），成為三位格中多元運作（能量）的根源，並因此成為統一三位格的動態基礎。額我略以此方式繼承了其兄巴西略的思想，全身心致力於漸近神本性的單一性。他的思索隨著深化，逐漸從靜態（實體性）的本質觀，轉向以力量與作用為核心的動態本質觀。

總結與展望

本章的主題是唯一的神，即所有存在與善的超然基礎，如何在眾多的世界中發揮效用。針對這一難題，猶太教徒斐洛從柏拉圖的思想中借用了造物主的原理，試圖透過在神和世界之間置入神的邏各斯來調和兩者的關係。而早期的東方教父則將邏各斯神格化，視其為基督，試圖解釋超驗性世界中的活動。然而，作為神與世界之間的中介，邏各斯——基督——真的可以被視為神嗎？如果是，那麼又該如何調和神的超驗性與單一性呢？這樣的兩難，最終引發了從基督論到三位一體論的重大神學爭議，無法避免。

無論如何，就本章的相關主題來看，所謂的三位一體論可以解釋為：單一的超驗依據（神）為了在世界中實現其行動，將自身化為三一神——由三個個別存在（位格）構成一個單一的本質的神。迦帕多家教父們的論述主張，相對於作為超驗依據的神，其自身保留在聖父的層次，透過其獨子耶穌的「道成肉身」——為自己添上物質與肉體性，並加上聖靈賦予世界生命，從而使神成為超驗的唯一，同時使其神力（大能）在世界中得以被察覺。特別是尼薩的額我略推導出耶穌基督道成肉身的意義：耶穌不以自身等同於神為榮，反而將自身虛無化，進一步使自己處於清貧，成為世人的僕人。這樣的思考最終也與「模仿耶穌基督」的行善教誨相結合。

自柏拉圖以來，人類本性的完成狀態即是「趨神化」，亦即解放身體與扎根於身體的慾望、情念，達到神一般的超驗性存在。這一希臘傳統確實被東方教父所承繼。不僅如此，隨著普羅提諾提出「與唯一者合一」的理念，耶穌基督超越了神性與人性之間的絕對差異，實現了「道成肉身」，並在十字架上犧牲後再次進入超驗神性的「復活」。正因如此，人類也可以朝向「與神合一」的方向努力，達到超驗的「成神」（theosis）境界，這種思想成為東方教父們的一個核心特色。換言之，「趨神化」這一古希臘柏拉圖主義的理念，作為古代晚期以來的東方教父傳統，被定義為兩種途徑：一種是透過上升和超驗的方式達到「成神」，另一種是透過「模仿基督」在世間行善的方式實現。東方教父們肯定認為，只要能證明神的三位一體性，便能以某種形式，使這兩條道路成為人類可行的救贖之道。

延伸閱讀

史泰德（Christopher Stead）著，關川泰寬、田中從子譯，《古代基督教與哲學》（*Philosophy in Christian antiquity*，教文館，二〇一五年）——哲學與早期基督教思想之間的相互影響歷史，概述了二者的交流與發展。以基督教神學對哲學貢獻為主題的第二部，對於理解本章內容具有相當大的助益。

土橋茂樹，《教父與哲學：希臘教父哲學論集》（知泉書館，二〇一九年）——以本章所處理的，包含三位一體論爭在內的東方教父哲學相關主題，從希臘哲學與東方教父思想兩個面向詳細考察的論文集。適合想要更加深入理解的讀者，但內容相對專業。

土橋茂樹編，《對善美之神的愛之諸相：《慕善集》（*Philokalia*）論考集》（教友社，二〇一六年）——以蒐羅三至十五世紀東方基督教圈的修道士們言詞之文選集《慕善集》為主題的論考集。可以觸及樸實無華的言詞中所密藏之修道士們的深刻思索。

田島照久、阿部善彥編，《成神：東方、西方教會中人類成神思想之傳統》（教友社，二〇一八年）——圍繞本章處理的「成神」概念，整理自古代至近代東方、西方兩教會思想家們一路傳承下來的基督教思想精髓，以通史形式系統性整理的論文集。適合想更廣泛、深入理解「成神」思想的讀者。

土岐健治，《七十士譯本聖經入門》（教文館，二〇一五年）——根據史料闡述本章提及的《七十士譯本聖經》形成過程，並透過與希伯來文聖經的比較，說明七十士譯本的特色。此書是了解七十士譯本的高階入門之作。若要理解翻譯猶太經典這項偉大工程的文化背景，則此書為必讀之選。

CHAPTER

ten

第十章

拉丁教父與希波的奧斯定

出村和彥

ラテン教父とアウグスティヌス

一、前言——奧斯定對神的探求

拉丁神父的特色

關於善惡與超驗問題，拉丁教父們採取了獨特的方法來處理。新約聖經使用的是希臘化時代的共通語言——希臘文書寫，基督教最初以羅馬帝國內希臘化的城市為中心，逐步向外擴展。即便基督教向西方傳播，其神學仍然受東方希臘文論爭的主導。在東方的希臘文與西方的拉丁文之間進行交流時，翻譯起到了至關重要的作用。到了熱羅尼莫（Jerome, ca. 234-420）完成以拉丁文翻譯的聖經（Biblia Vulgata，《聖經武加大譯本》，或稱《拉丁通俗譯本》）並開始傳播後，這個版本的聖經對西方拉丁基督教的獨立發展產生了決定性的影響。

拉丁文及其文化特色在羅馬帝國的北非行省表現得尤為強烈。例如，特土良（Tertullian, ca. 160-220）提出「雅典與耶路撒冷並無關係」，強調基督教信仰的獨立自主性，拒絕希臘哲學對基督教的影響。迦太基的主教西彼廉（Cyprian of Carthage, ca. 210-258）則作為基督教殉教者，為非洲的信仰燃起指路明燈。而目標僅是想成立一個純粹教會的非洲教會，可說因為「被殉教者鮮血染紅」而產生獨立的自我意識，進而催生了分支的道納圖派（Donatism）。

連結古典與基督教的奧斯定

義大利、西西里島與北非環繞著地中海，形成了一個整體的文化圈。希波的奧斯定（Augustine of Hippo, 354-430）便活動於此區域。他出生於北非，研習古典文學，並將文學與其基督教信仰結合，以拉丁語這一熟悉的語言，向他人分享內心的領悟與信仰內容，並以此作為畢生的志業。針對信仰與知識，奧斯定形塑了一套「為了理解而信仰，為了信仰而理解」的哲學體系，這一思想日後成為西歐思想的重要泉源。本章將以奧斯定為核心，探討成為西歐思想基礎的拉丁基督教思想特色。

探索神與自我的奧斯定

奧斯定透過《論三位一體》一書如此呼籲讀者們：

> 如果你是這本書的讀者，並且和我一樣肯定，請和我一同前行。如果你和我一樣不確定，那就和我一起探索。如果你認知到你的錯誤，希望你回頭站到我的身旁。如果你發現我的錯誤，也希望你將我喚回。如此，讓我們向那位告訴我們「永遠尋求祂面容」的神伸出手，一同走在愛的道路上。（《論三位一體》一．三．五）

奧斯定透過拉丁文翻譯等方式，持續學習希臘教父與柏拉圖主義（如普羅提諾與波菲利等），並以西塞羅等拉丁語圈的哲學為基礎，探索既為真理又為智慧的神。彼時，一如他所述之「確實，沒有任何人側耳傾聽我的內心，然而無論是我或是其他任何人，皆是因為『心』才成為自己」（《懺悔錄》（*Confessions*）一〇．三．四）般，他已對自身的內在性有清楚的自覺。奧斯定一方面深刻凝視「自我」，一方面對生活於此世的「自我」加以定位，他對神的超越自我式探索，無疑具有劃時代的意義。那麼，他究竟是如何實踐這一探索的呢？

二、內在的超驗

外、內、上

奧斯定以現實的「我」與身為人的「自身」為出發點，展開對真神的探索。

> 莫要外求，須返回自身內心，因為真理就住在人的內心。如果你能發現自我具備可變的本性，那麼就努力超越自己。（《真正的宗教》（*De vera religione*）三九．七二）

在此我們可以充分看到奧斯定獨特的人性考察。他將視線從外界轉向內心，試圖在內心深處尋找超越自我的真理之道。這種反身求己的方式，可以說是一條通往神、超越自我的途徑，即「由外而內，由內而上」的「內在性超越」之道。

在《懺悔錄》中他對此「內在性的超越」做出自問自答：「汝為何？」「吾乃人也」，「人又為何？」等，藉此反省，並於其中開始確立「身體與靈魂存於吾之內在，而且於吾之內在體現。」在此基礎上，還需注意他另一個自問：「一側為外，一側為內。當從何側探尋吾之神？」（《懺悔錄》一〇．六．九）

此處關鍵在於「內外緊密關聯的個體動態」，即身體與靈魂並非彼此割裂，唯有身心一體化的個體，才是我們當下賴以生存的基礎。奧斯定對身心一體之個體的重視，使他與那些主張身心二元論的思想形成明顯區隔，後者認為魂與體是分離的，並熱中於在靈魂或知性中尋找「超驗」。這一觀點使奧斯定與希臘哲學及東方基督教教父們的思想拉開了距離。在這樣的個體中，奧斯定指出，超驗的神存在於「比我內在最深處還深，比我最高處更高之處」。（《懺悔錄》三．六．一一）

「心」與從自我深淵的超越

雖然可以在人類「自我」中心的「心」——此詞在拉丁語中意為「心臟」——的「最深處」找到神，但神並非被局限於此，而是遠超於此。因為神是創造自然萬物的唯一造物主，人類也只是他的造物之一。人性只是一個可以被制約的變數，如果一個人失去自我中心的「心」，沉溺於各種外界的慾望，心誤入歧途，讓自我變得不再專一，那麼自然無法在心中找到超驗的神。正如聖經所說：「你們這些誤入歧途的人，要回轉你們的心。」（和合本譯為：「悖逆的人哪，要心裡思想。」《以賽亞書》四六：八），自我與「自身的最深處」緊密相連，只有在這裡，人們才能找到超驗的神。這正是奧斯定強調的「莫要外求，須返回自身內心，然後超越自己」的核心真義。

真正的宗教、三位一體與哲學

人們常認為「神」與「宗教」的問題與基於理性展開的「哲學」不相容。然而，羅馬帝國的古代晚期被定位為一個「不安的時代」。雖然傳統的希臘、羅馬多神教的國家祭祀典禮仍然持續，但基督教的影響力在帝國全境不斷擴大，東西方基督教中修道式的禁慾運動也相當盛行。此外，這一時期也與諾底替主義各派的發展大致同時。無論何種宗派，都一心朝向基於「真理」的「至福」（beatitudo）。追求實踐真正幸福與至善的古代哲學家們，他們的「作為生存方式的哲學」，也總是以某種形式與宗教相關聯。

奧斯定十九歲時閱讀了西塞羅的《論哲學》（現已佚失），心中燃起「對智慧（哲學）的愛慕」，而指涉的目標正是被喚為「祢」的神。對日後成為基督教徒的奧斯定而言，存於他內在的唯一超驗神，透過奧斯定所接受的「真正的宗教」而相互產生連結。他定義了「宗教」這個稱呼，即「面對唯一的神，我們的靈魂與之連結（religare），此事即稱為宗教（religio）。」（《真正的宗教》五五・一一一）

此時，所謂唯一的神，指的是萬物的唯一泉源，有智慧的靈魂據此成為有智慧者時擁有的唯一智慧，此外還是當我們成為至福者時的一種賜福。這些又與聖父神、聖子及聖靈的所謂三位一體神相互對應。

將神（乃至超驗存在）當作「智慧」的傳統，在猶太教的智慧文學（Wisdom Literature）與來自印度的佛教「般若」也廣為流傳。此外，類似從該萬物泉源而來的「光」（無量光）與賜予人類的「慈愛」（mahā-karuṇā，又譯大慈悲心）這類詮釋，也是東西方互通。

在正統基督教的立場上，這位唯一的真神就是聖父、聖子、聖靈三位一體的神。自拉丁教父特土良開始採用「三位一體」的說法以來，經歷了如普瓦捷的依拉略（Hilary of Poitiers, ca. 315-367）等教父的推動，他們主張聖父與聖子一體同質，並在探索如何與亞流教派調和的過程中，這些以拉丁語撰寫的論考與東方教會密切相關。雖然奧斯定遵循教父們的傳統，但仍然探索出屬於自己的獨特哲學。他認為神是超驗、唯一的造物主，而且作為擁有泉源、智慧與賜予力量的三一神（Trinity）來信仰。同時，這種三位一體性的能量也可以反映在人類精神的內在，因為人是按照神的形象所創造。奧斯定認為，透過凝視內在心性，即便這形象可能模糊難辨，人仍然能追溯到其中映射的超驗神的足跡，並透過這樣的行動，嘗試去理解超驗的神。

位於自身內心的三位一體

奧斯定的重點在於，透過凝視人們內在的「我（自身）的精神」，我們能夠「確認我們的存在，認識我們的存在，並愛這樣的存在與認識。」此外，他還察覺到如「存在（生存）、知識、愛」或「記憶、認識（acquaintance）、意志」這些構成自我的精神活動，雖然具有可變性，但它們總是以三者一組的形式出現，而且不可切割。這實際上是永恆三位一體所映照出的擬像（figure）。基於由外向內的集中，和相反的由內向外的分散思考方式，如同「即便我遭欺騙，我依舊存在」的理念一般，我們可以認識到自己生活在時間的當下世界中，並理解這一點。進而，這種理解讓我們意識到，內在根基中存有追求「生存」和「理解」的深愛本質。

然而，這種個人精神的存在方式，充其量只是朦朧地映照出神的痕跡。雖然可以透過這種方式嘗試理解神，但反而更能清楚地認識到：神乃存在於我們內在，是超驗的造物主，賜予人類一切存在的泉源、智慧與至福的唯一、永恆的存在。奧斯定這種鍾愛並探求唯一至善神的哲學，正是人類追求真理、知識與至福的內心渴望。因為人們相信並理解，作為被造之物的我們，其靈魂與身體都是由神創造的善之物。

與這種人類觀相對立的是諾斯底主義，該思想認為，必須透過直接「覺知」神的存在才能獲得救贖。此類思想的一支便是主張善惡二元論的摩尼教。奧斯定的前半生（從十九歲至大約三十歲）曾參與摩尼教的思想，但隨著時間推移，他最終拋棄了這一觀念，轉而形成了他後來的基督教理解。

三、善惡二元論與自由意志

摩尼教的善惡二元論

摩尼教由出身巴比倫的教祖摩尼所創立並提倡（可參考本書第七章）。雖然摩尼教在羅馬帝國被視為非法宗教，但依然在帝國周邊地區活動，並在世界廣泛傳播。不僅傳至羅馬帝國的義大利、北非，還沿絲綢之路傳播給各民族，後來更巧妙地吸收了佛教思想，傳至吐魯番和中國福建。此教義以諾斯底主義的善惡二元論為核心，並以神話加以裝飾，被定位為「諾斯底主義救贖神話的完成品」。對年輕的奧斯定而言，當摩尼教以「真正基督教」的姿態出現時，他無疑感到極為震撼。基督教與摩尼教在奧斯定身上的相遇與衝突，成為世界哲學史上四世紀下半葉的重要事件。

摩尼教否定《舊約聖經》，認為其中所描述的創造神是惡的造物主，而《新約聖經》中的光來自完全不同的善之源。摩尼教運用善惡二元論解釋《聖經》中的光與暗意象，以及保羅提出的靈肉對立，並構建出獨特的神話體系。根據這一神話，他們認為世界是由惡的原理創造的，而人的本真自我是善的完整碎片，與這個充滿邪惡的世界敵對並隔絕。儘管善的原理被困在周邊世界之中，摩尼教依然以禁慾的宗教規範為核心，將聖職者視為善的直接代表，並由支持他們的在家信徒群體組成教團。

由各種出土的文書可以得知摩尼教的神話。在北非與羅馬接觸摩尼教的奧斯定曾寫下反駁摩尼教的文章，透過這些線索我們也能得知摩尼教的教義：

> 摩尼教徒說靈魂有二種類。一為善……另一為惡……他們說，前者乃至善，後者乃至惡，此二類靈魂過往為分離狀態，但今日則混合並存。而關於此混和的種類與原因，我則尚未聽過說明。（《兩種靈魂》一二·一六）

摩尼教將善與惡視為各自獨立的實體，屬於善惡二元論；基督教則持一元論，認為身為萬物泉源的造物主盈溢著善，而且就是善的本身，而由這樣的神創造出來的被造物，只要他們存在便皆為善物。基督教這種善一元論與摩尼教的善惡二元論完全不相容。那麼，惡又是如何存於這位善神與祂所創造的世界萬物之中的？惡究竟是什麼？惡的起因又是什麼？

惡乃缺乏善

無論是基督教還是非基督教，諾斯底主義的善惡二元論悲觀主義，主張惡本身作為實體存在，世界必然是邪惡之物，這一觀點在希臘化時代的哲學與宗教思想中成為反駁的對象。姑且不論萬物是否都是被創造的，從古典時代到希臘化時期的哲學一般認為，任何存在之物，只要具備形式（即可以問「此為何物」），那麼該存在便是屬於自然的善物。新柏拉圖主義學者普羅提諾曾說：「『較善者』先於『較惡者』，體現在形式上時，『較惡者』並非形式，而是形式的缺失」。（《九章集》（*Enneades*）一·八·一）

惡乃是形式的欠缺。換言之，只要有形，便有損其形之惡；只要有光，便有影。而身為影的惡，自身（只要沒有光即）無法存在。希臘化時代的哲學家們即據此對抗二元論。奧斯定也接納這種觀點：「因此，當被問及惡從何而來時，首先要問的是：何為惡？所謂惡，僅是對自然本性之極限、形象與秩序的破壞，除此之外別無他物。」（《善之本性》四）他以此觀點駁斥摩尼教。

二元論的不負責任及美的危險性

若將善、惡視為一種對立的實體，它們直接支配世間萬物，這個世界是它們各自對立、反覆爭鬥的舞台，那麼在舞台上的人們無論採取什麼行動也都不過是被這兩個實體操控的人偶罷了。就像可以將惡行解釋為「因受到惡的操弄而作惡」般，此舉將造成一種藉口，即：實際上不是由自己所為，而是被某種外力控制，導致自己行惡。

對於那些被置於社會邊緣，難以對社會整體抱持正面觀感的人來說，整個社會屬於邪惡的「闇」。他們總是以否定與警戒的態度面對社會，並認為自己所屬的是「善」的集團，這一集團無法被他人窺見，並且被只有他們自己知曉的「光」所籠罩。摩尼教的光明與黑暗二分法在塑造這種封閉式、脫離世俗的行為上，顯得十分有效。正是這種效果，使得摩尼教作為一個教團，儘管經歷不同文化背景與地理環境的變遷，教義仍能以不同形式保存，並發展為一種世界性宗教。奧斯定在皈依基督教之前，也曾受到摩尼教信徒的影響與幫助。

然而，年輕時的奧斯定之所以將摩尼教視為「真正的基督教」而接受，並非因為敵視世間，也不是因為摩尼教讓他獲得本真自我的覺知而感到安心。對於處於摩尼教時期的他來說，「自我」本身就是一個難以解決的「大哉問」。

毋寧說，奧斯定在信仰摩尼教時期，熱中並專心致志於美學的研究。因為他認為，美能滿足他對至福的期待，將自身與邪惡、醜陋的世間隔離開來，並作為那燦然輝煌的善的部分，展現於世界。美作為真理，直接連結於善的實體，在這範疇內，美的形相是不會被損毀的，而這些形相的結合體則持續保持其適合性。但若一心鑽研於此，則有脫離自我現實，完全投身美學領域，出現耽溺於唯美主義的危險性。

惡，來自何處——關於自由意志

然而，為了追求個人的榮華富貴而背離忠實的伴侶，並不斷重複背信的行為，這種由內而外散發的迷惘與內在撕裂的經驗，往往令人感同身受，這些情況絕非與個人毫無關聯。因此，投身於美的獨善其身式藉口難以成立。此外，摩尼教將善與惡的本質隱藏於幕後，認為人們只是被其操控的人偶，這種解釋也無法充分說明許多情況，反而更讓人意識到自我意志的存在。正因為有自我意志，責任才得以產生，並且進一步思考自身犯錯後應當接受的懲罰。奧斯定反身自省後，對於過去耽美行為的不義感到驚惶恐懼。

從此開始，唯有透過內在的反思，才能為他的「內在超越」賦予確切意義。奧斯定將《新約聖經》的《保羅書信》與自身經驗相對照，深入細讀自己的內心，從而引導他走上了「理解」之道。

奧斯定被稱為發現「意志」存在，或發明「意志」概念的人。這指的是上述他透過返歸「內心」自省，發現「自我」，並構成作為一個人之要件的思想。而這一思想在「人論」哲思中被接納為哲學結構的核心，其中奧斯定以「惡乃缺乏之善」為其基礎。他指出：「只要神是善的，那麼神就不會行惡……無論誰行惡，皆是自身惡行的創始者。況且，神將會根據正義對惡行降下懲罰。」（《自由意志》一．一．一）奧斯定主張，人類之惡是透過自由意志的選擇而來，這鮮明地展現了他與摩尼教思想對立的姿態。

不過，將行惡歸因於人類的自由意志選擇，並伴隨相應責任的思考，奧斯定並非首創者。

聖安博與羅馬的斯多葛學派

在米蘭，為了捍衛正統基督教而奮鬥的主教聖安博（Ambrose of Milan, 339-397）仔細研讀了西塞羅的《論義務》，將羅馬公民應具備的智慧、勇氣、節制和正義四種德行，也規定為基督教的四樞德，這一決定極具重要性。奧斯定在晚年回憶道：他曾從聖安博處聽聞「我們之所以行惡，源於意志的自由決定；我們承受惡果，是因為這是正義的審判」，他努力理解這段話的含義，但卻無法完全掌握其中的因果關係。

聖安博從哲學的角度指出：「神沒有理由創造邪惡。惡確實不是一種實體存在的東西，因為那只是從自然的善性中逃逸出的，單純的偶發性現象。」（《創造天地的六天》（*Examneron*）一·八·二八）接著他對聽眾們這麼說：

> 對你們而言，你們自身正是造成謬誤的原因，你們自身先做出應引以為恥的事情，自己就是唆使行惡之人。既然如此，為何你們還推諉到自身之外的大自然，將其當作自己過錯的藉口？（《創造天地的六天》一·八·三一）

聖安博如此斥責人們為自己找尋藉口的態度。根據他的主張，抑制情慾是「端視於己」的責任。相反地，沉溺於奢華生活、縱容肉慾、不喜歡在謙遜中的自足與溫和穩定、盛氣凌人、被激情沖昏頭，這些行為同樣是「端視於己」的結果。

聖安博的論述中，透過「端視自己」來定義「意志」的表現，讓人聯想到羅馬斯多葛學派的愛比克泰德或馬庫斯．奧理略的說法。然而，儘管有這些論述，奧斯定對自身「意志」問題的迷惘仍未能得到解答。而正是這種對「意志」本身的深入思索，使奧斯定逐漸脫離了古典希臘化時代哲學的框架。

膨脹且敗壞的意志

奧斯定主張，如何操控「自我意志」應「端視自己」，但他也反思到「脆弱的意志」往往無法遵從自己的想法。經過深入思考，奧斯定對此提出了以下理解：

> 我思索何謂不義，發現那並非一種實體，而是「敗壞的意志」背離了最高的實體，也就是叛離了神，自趨下流，放棄自身內在，轉而向外自我膨脹。（《懺悔錄》七．一六．二二）

無論是向上提升、偏離正軌，還是回歸中庸，皆為內在意志的作用。奧斯定指出，「莫要外求，須返回自身內心，然後超越自己」這種「內在性超越」的知、情、意總體，明確地構成了自我動態的基礎。以內在至高的神之智慧作為愛與至上幸福的基準，若因感情、意志等問題而背離這一基準，並「敗壞」自身意志，故意朝外在膨脹邁進，便是人類無知所致的困境，也是人性中的弱點。奧斯定思想的特色，正是著眼於對此問題的探討。

類似這樣，無論是誰，都或多或少會偏離善的意志而有所敗壞。奧斯定得出的結論是：「所有犯下罪業的靈魂中，實際上都承受著苦難與無知這兩種懲罰……儘管非出自本意，仍感到徬徨迷惘，抵抗肉體枷鎖的痛苦，因為感到苦悶而無法斷絕情慾的業障。這些並非神在造人時所賦予的本性，而是對人類罪行的懲罰。」（《自由意志》三・一八・五二）

不過，我們也必須明白，奧斯定提出了一條自力救濟之道，即「無知與苦難，對於誕生的靈魂而言，並非罪惡的懲罰，毋寧是一種向上提升的激勵與自我完成的起點。」（《自由意志》三・二〇・五六）白拉奇（Pelagius, 354–418）等人主張，透過自由意志才能達成人的自我完成，或許正是受到了奧斯定的影響，這一點來說也頗具諷刺意味。

四、原罪、根本惡與人類

意志之根

奧斯定因為主張神的絕對恩典也被稱為恩寵博士（Doctor Gratiae），在西方與聖安博、熱羅尼莫、教宗額我略一世（Pope Gregory I，在位期間五九〇—六〇四）被合稱為教會四大博士。他的「我為了確保人類的意志能自由選擇而奮鬥，但最終仍是神的恩典獲勝」（《再思錄》（*Retractationes*）二・一），這一言論否定了白拉奇等人主張自由意志占據優勢的立場，奧斯定因此宣告了恩典的絕對性。隨後，在西方關於人類自由意志與神之恩典的爭論中，兩派形成對立，數度展開論戰，演變成選擇「白拉奇主義」或「奧斯定主義」的攻防。

奧斯定對「內在性超越」的基調終身未曾動搖，因此最終他開始思索自我意志薄弱的根源。

面對「（行惡）意志的原因」這個問題，奧斯定認為意志是惡的根源。因此，在追究其原因的過程中，他發現了「意志的根源」究竟是什麼。

> 我認為沒有比「貪婪是萬惡之根」（《提摩太前書》六・一〇）這句話更似真理了……人只要欲求超過實際所需便會陷入貪婪。在這層意義上貪婪就是慾望，慾望就是邪惡的意志。因

此，邪惡的意志便是所有惡之起因。（《自由意志》三・一七・四八）

根據奧斯定的說法，當前人類狀態的根本中存在著「邪惡的意志」，這被他指出是惡的原因。所謂的「邪惡」，並非本身就引發任何罪惡，而是因為意志本身的「貪婪」，在追求「超過實際所需」的時候被觸發，這屬於一種動態性的描述。因此，現實中的人們常常向不必要的惡方面膨脹，進而走上敗壞的道路。如果能夠返回內在的「心」，便可以在謹慎和專心致志的方向上看到通往謙遜的路徑，這時候才有可能開始接受神的恩典作為自身的助力。人類終生都必須站在這個極端微妙的位置上立身處世，並持續生活下去。

根本惡

奧斯定思考道：最初的人——亞當與夏娃，自行違背了神的命令，犯下了最初的罪。以他們為根源，這項「原罪」隨之波及整體人類與歷史，成為無法否認的事實。因此，他開始著眼於意志的根源究竟為何。

關於人類的思考，根據聖經《創世紀》第一章的定位，人的創造旨在恢復原初類似神的形象，具有「盡可能近似神」的神話志向。然而，考量《創世紀》第二至第三章中亞當與夏娃的故事，最初的人類因自由意志的選擇違背了神的命令，導致了對天然狀態的損害。從無中創造的原初並未引發問題，當時神所見的萬物「一切所造的都甚好」，並且對繁殖本身賜予祝福：「你們要生養眾多，遍滿了地。」最初生活在樂園的男女沒有違背意志，也未損害天然狀態，因此能夠過著與慾望無緣的安穩性生活。然而，由於出現了不順從神之命令的「墮落」罪，結果導致失去了因順從而獲得的安穩。奧斯定始終認定，像情慾這樣難以駕馭的人性傾向或習慣，盤據於人類的意志之中。

順帶一提，近代哲學家康德認為，透過實踐理性承擔道德法則，人類可以被視為自由且睿智的存在。他在創造的秩序與時間的起始方面並不認為「起源」存在問題。然而，他卻將根植於人類本性中的性癖視為「根本惡」（Radical evil）。他的「根源」理解與奧斯定的觀點非常相似。

人類的紐帶

奧斯定之所以如此重視「原罪」，是因為他認為我們人類並非孤立生活。奧斯定關注的是人類之間的連結以及其社會性。

每個個人都是人類的一部分，人類的本能是社會性動物，具備善與友愛這種偉大的自然天性，因此，神造人時並非僅打造出人類種族間的類同性，祂更期待藉由血緣的相連及人類社會

性中相互連結的特性，從一個人開始直至打造出全體人類。（《結婚之善》一・一）

本是同根而生的同類，彼此形影相憐的關係，才是真正的原罪形象。人類無需模仿最初亞當與夏娃的失敗，因為那種人性上的弱點原本就存在於每個人的本性中，即便基督教徒也不例外。

雖然如此，但並非單純將各種罪業分配給每個人。所謂的原罪，應該被視為一種總體性的「罪業集合體」，根植於人性的核心。所有人類從這個核心出發，走向分歧（分枝），邁向枝繁葉茂，各自結出果實，傳播生命。

生與性

性既包含厭惡，又同時具備愛憐。它朝著孕育生命的方向邁進，同時又潛藏著任性操弄與暴力，走向破壞與死亡。因此，這種狀況無法簡單地用善與惡的二分法來分類。人類的起點，即亞當與夏娃的故事，展示了人類分享誕生這一機運的原初狀態，同時也說明了我們因個人私慾而背棄應全心全意遵循的神之命令，並不斷藉口那是蛇和伴侶的錯，最終導致了「自以為自己像神，自以為自己就是善」的無知。這種「帶著自我膨脹的意志」便是人類的原始姿態。然而，正因人類的這一定位，才賦予了我們「心」與軀體，使我們能夠察覺「內在超驗」的神。

人類的步伐——天主之城與地上之城

在奧斯定的思想中，人類作為公民的「城」（共同體，civitas）的存在方式，體現了人類作為社會性存在的現實。他指出：「兩種愛造就了兩座城：輕視神而產生的自我之愛，構成了地上之國；輕視自我而向神之愛敞開，則構成了天主之城。」（《天主之城》一四：二八）這兩座城正是由向外膨脹的傲慢意志與向內收斂、謹慎的謙遜意志所交織而成的人類歷史縮影。在此，奧斯定強調的「內在超驗」基本軸線，以及每個個體所承擔的「人性」，已清晰地展現出來。

結語——古代的黃昏

被人們視為「自我」和「意志」的發現者以及「原罪」的倡導者，奧斯定於西元四三〇年八月二十八日在被汪達爾人（Vandals）包圍的希波城，以七十五之齡走完他的人生。隨後，西羅馬帝國於四七六年迅速滅亡，拉丁世界不再由單一帝國統治，人民也不再以羅馬公民的身份共同存在的時代。

生活於信奉亞流派基督教的東哥德王國，又被稱為希臘羅馬哲學最後一位哲學家的波愛修斯原是位任職於狄奧多里克大帝（Theodoric the Great）宮廷的貴族。波愛修斯翻譯了波菲利《導論》與亞里斯多德的《邏輯學》等書籍，並將拉丁語中的「persona」（人格）定義為「具備理性本能的個別實體」。

奧斯定的遺骨安置於義大利帕維亞（Pavia）的教堂地下墓室，而波愛修斯的墓也位於此處，這具有象徵意義，標誌著古代末期向中世紀歐洲的過渡。

延伸閱讀

上智大學中世紀思想研究所編譯、監修，《中世紀思想原典集成 精選2：拉丁教父的系譜》（平凡社Library，二〇一九年）——聚焦翻譯教父們原始典籍的系列叢書《中世紀思想原典集成》與奧斯定時代與古典古代的繼承，透過重新編輯而出版的文庫版。附有由佐藤直子撰寫的詳盡解說，說明了拉丁教父的整體歷史與「自由意志、原罪、恩典」等確立西方神學的問題領域。

出村和彥，《奧斯定：「心」的哲學家》（岩波新書，二〇一七年）——奧斯定生活於古代末期的羅馬帝國，給人類的「心」坐定位，並致力走在熱愛智慧的基督教徒之路上。本書即描繪奧斯定生涯的緊湊評傳。書末附有親切的文獻介紹，介紹了包含《奧斯定著作集》在內的各種可以理解奧斯定思想的文獻。

宮本久雄編著，《愛與相生：情慾、聖愛、愛》（教友社，二〇一八年）——本書包含最新且最廣泛的論考，從古典學、教父研究的立場出發，嘗試闡明奧斯定如何省察愛、美與女性。

伯恩斯坦（Richard J. Bernstein）著，阿部福子（音譯）、後藤正英、齋藤直樹、菅原潤、田口茂譯，《根本惡的系譜：從康德到漢娜・鄂蘭》（*Radical evil: a philosophical interrogation*，法政大學出版局，二〇一三年）——雖然原罪論不在本書的考察範圍內，但本書解說後近代至近代如何面對與處理根本惡問題。透過本書可以理解奧斯定的洞察力在令人意外之處獲得共鳴。

漢斯・約納斯（Hans Jonas）著，大貫隆譯，《諾底斯與古代末期的精神：第一部 神話論式的諾底斯》（*Gnosis und spätantiker Geist I: Die mythologische Gnosis*）、《諾底斯與古代末期的精神 第二部：從神話邁向神祕主義哲學》（*Gnosis und spätantiker Geist II. Von der Mythologie zur mystischen Philosophie*，Pneuma舍，二〇一五年）——本書是研究諾斯底主義的正式學術書籍，在理解古代末期精神世界的廣度上，乃不可或缺的一冊。此外，關於摩尼教的神話，請參考大貫隆，《諾底斯的神話》（講談社學術文庫，二〇一四）。

專欄三

李約瑟的發現　塚原東吾

這原本是從「究竟中國有無科學」的疑問開始的主題。所謂的科學，乃源於希臘，為一套具備經驗性、合理性、理性的知識體系，並透過文藝復興在歐洲復甦。透過這樣的過程，歐洲培養起科學，歷經哥白尼、克卜勒等人，在十七世紀展開科學革命後獲得確立。笛卡兒或培根等人則承擔近代歐洲科學的哲學部分。這便是以歐洲為中心的科學觀點。

而從根本顛覆這種科學認知的人就是李約瑟（Joseph Needham, 1900-1995）。中國自古代起對於天文、地理、自然史等皆有精密的觀察與紀錄，也製作出高精度的曆法與地誌，而且指南針、火藥、紙、印刷等四大發明皆起源於中國，至十五世紀為止，中國在社會、經濟、統治系統等所有面向上都凌駕於世界。李約瑟的這些「發現」可謂不勝枚舉。李約瑟的《中國科學技術史》系列著作，由劍橋大學出版會發行，李約瑟對中國科學史的記錄，也可說是對人類科學史的記錄。

那麼，為何中國並未產生近代科學呢？這個疑問又被稱為「李約瑟難題」。有一個可能性，是從社會經濟層面、政治體制層面回答這個疑問，並從歐洲商業資本開展，以及航海技術與軍事技術發展探其根源。同時，李約瑟還將科學本身嵌入這個疑問之中，說明與歐洲機械論式的世界觀（根據笛卡兒的主客觀分離，將自然與哲學切割）相對，中國則抱持著有機體式、還原主義式、整體論式的世界觀（加上道教式神祕主義發展出來的直觀、感同身受性的對大自然之理解）。

李約瑟「發現」的影響並不止於「中國」，還從根本上顛覆了歐洲知識主軸的「科學」概念，進而撼動了歐洲中心主義。換言之，李約瑟透過中國科技史將近代歐洲置於相對化的位置，這也讓他成為抵抗歐洲中心主義的最知名人士。

今日，一如基因操作、大數據、人工智慧的開發等科技所展示出的一般，看來人類不斷追求挑戰，彷彿要成為神。然而地球暖化問題、放射性物質、塑膠微粒等環境汙染日益嚴重，讓我們不禁質疑人類似乎仍未能完全掌控科技。這些，難道就是「歐洲近代科學」所達成的成就嗎？當我們思索人類歷史，擔憂人類未來之際，李約瑟的思想仍有許多值得我們學習之處。

後記　納富信留

全系列共八冊的《世界哲學史》，本書為第二冊，專注於古代哲學的後半部分。回顧兩千多年前的時代，讓我感受到人類哲學歷史的新視野。

在編輯過程中，我重新認識到，這個時代的「世界」字面上是多元的，各地區獨立展開了魅力十足的思想運動，並同時形成了各自的傳統，透過學術制度建立了人類文明的基礎。這與西方文明在近代和文藝復興後壓倒其他文明的哲學和科學形成了截然不同的地圖。在印度和中國之間、西亞、北非與歐洲之間，哲學和宗教的活躍交流促成了一個真正意義上的「世界」。重新審視並活用這種動態的多元可能性，正是我們當前的課題。此外，伊斯蘭教作為推動現代世界的另一個主軸，在本書中尚未出現。值得一提的是，在這個時代的末期，即六世紀中葉，日本也透過朝鮮半島引入了佛教，首次出現在世界哲學史上（詳見書末年表）。

本書所展現的視野並非僅僅是將各種思想並列的鳥瞰圖。例如，希臘的哲學如何進入羅馬世界；東方希臘語圈與西方拉丁語圈的分道揚鑣；基督教如何在與摩尼教和瑣羅亞斯德教的競爭中形成正統與異端；大乘佛教與儒教如何在印度與中國形塑文明等等，皆生動地展現在讀者面前。我希望與各位讀者共同享受這樣的蔚然奇觀。

在本系列叢書的發行過程中，我們得到了兩位人士的協助。一位是敬愛的鷲田清一先生，他在各種場合中給予我們許多寶貴的建議；另一位是友人出口治明先生，他也是《哲學與宗教全史》（Diamond社）這部視野寬廣、串聯學術與社會的作品的作者。在此，我要對他們表示衷心的感謝。透過這一嘗試，若能使許多對哲學感到疏遠的讀者重新燃起興趣，將是我們的榮幸。此外，還要感謝筑摩書房及負責編輯的松田健先生，他們將本叢書作為創業八十週年的紀念企劃來推動，儘管目前僅完成了一半，我仍然要向他們致以謝意。

作者簡介

納富信留（Notomi, Noburu）（前言、第一章、後記）

一九六五年，東京大學大學院人文社會系研究科教授兼文學部部長。東京大學大學院人文科學研究科碩士。劍橋大學研究所古典學部博士。專攻西方古代哲學。著有《詭辯者是誰？》《哲學的誕生：蘇格拉底是誰？》（筑摩學藝文庫）、《柏拉圖與哲學：閱讀對話篇》（岩波新書）等。

近藤智彥（Kondo, Tomohiko）（第二章）

一九七六年生。北海道大學大學院文學研究院副教授。東京大學大學院人文社會系研究科博士班博士候選人。專攻希臘羅馬哲學、西方古典學。著作有《西方哲學史II：「知」的變容；「信」的階梯》（共著，講談社選書métier）、《「英雄傳」的挑戰：探求普魯塔克的新形象》（共著，京都大學學術出版會）、《愛、性、家族的哲學①愛：結婚是愛的證明嗎？》（共著，Nakanishiya〔中西屋〕出版）等。

戶田聰（Toda, Satoshi）（第三章）

一九六六年生。北海道大學大學院文學研究院教授。獲頒荷蘭萊頓大學文學博士。專攻古代基督教史、東方基督教文學。著作有《基督教修道制度的成立》（創文社）、《隱遁沙漠的人們：基督教聖人傳選集》（編譯，教文館）。譯作有貝克（H. G. Beck），《拜占庭世界論：拜占庭的千年》（知泉書館）

下田正弘（Shimoda, Masahiro）（第四章）

一九五七年生。東京大學大學院人文社會系研究科教授。東京大學大學院人文科學研究科博士課程肄業，後取得博士學位（文學博士，東京大學）。專攻印度哲學、佛教學。著作有《涅槃經研究：大乘經典之研究方法試論》（春秋社）；譯作有《藏文日譯大乘涅槃經I》（山喜房佛書林）；編著有《新亞細亞佛教史》全15冊（佼成出版社）、《大乘佛教系列》全10冊（春秋社）、《佛教事典》（朝倉書店）等等。

渡邊義浩（Watanabe, Yoshihiro）（第五章）

一九六二年生。早稻田大學理事、文學學術院教授。大隈紀念早稻田佐賀學園理事長。筑波大學大學院博士課程歷史、人類學研究科博士候選人。專攻「古典中國」。著作有《漢帝國》、《三國志》、《解開魏志倭人傳之謎》（以上三冊均為中公新書）、《三國志初讀》（筑摩primer新書）、《始皇帝：統一中華的思想》（集英社新書）等等。

中島隆博（Nakajima, Takahiro）（第六章）

一九六四年生，東京大學東洋文化研究所教授兼所長。東京大學大學院人文科學研究科博士課程中退。專攻中國哲學、比較思想史。著有《惡之哲學：中國哲學的想像力》（筑摩選書）、《莊子：告知成為雞之時》（岩波書店）、《作為思想的言語》（岩波現代全書）、《殘響的中國哲學：言語與政治》、《共生的實踐：國家與宗教》（東京大學出版會）等。

青木健（Aoki, Takeshi）（第七章）

一九七二年生。靜岡文化藝術大學文化、藝術研究中心教授。東京大學文學部伊斯蘭學科畢業。東京大學大學院人文社會系研究科博士候選人，後取得博士學位（文學）。著作有《瑣羅亞斯德教的興亡》、《瑣羅亞斯德教扎爾萬（Zurvan）派研究》、《瑣羅亞斯德教史》（以上三冊均為刀水書房）、《瑣羅亞斯德教》、《雅利安人》、《摩尼教》、《古代的東方（orient）宗教》（以上四冊均為講談社）等等。

西村洋平（Nishimura, Yohei）（第八章）

一九八一年生。兵庫縣立大學環境人間學部副教授。慶應義塾大學大學院文學研究科博士。專攻西方古代、中世紀新柏拉圖主義。論文有〈普羅克洛〉（《寫給學習新柏拉圖主義的讀者》）、〈普羅提諾關於靈魂單一性之思想〉（《古代哲學研究》）、〈古代末期的正義論：以斯多葛學派與柏拉圖主義為例〉（《西方中世紀的正義論》）等等。

土橋茂樹（Tsuchihashi, Shigeki）（第九章）

一九五三年生。中央大學文學部教授。上智大學大學院哲學研究科博士班博士候選人。專攻西方古代、中世紀哲學史、教父學。著作有《教父與哲學：希臘教父哲學論集》、《活得盡興的水平線：柏拉圖、亞里斯多德哲學論集》（以上均為知泉書館）；《存在論的再檢討》（編著，月曜社）等等。

出村和彥（Demura, Kazuhiko）（第十章）

一九五六年生。岡山大學大學院健康系統統合科學研究科教授。東京大學文學部哲學科畢業。東京都立大學大學院人文科學研究科博士班博士候選人。專攻古代哲學、基督教思想史。著作有《奧斯定：「心」的哲學家》（岩波新書）。譯作有布朗（P. Brown）《奧斯定傳》上、下

（教文館）等等。

出村宮子（音譯）（Demura, Miyako）（專欄一）

一九五五年生。東北學院大學文學部總合人文學科教授。東京大學大學院人文社會系研究科博士候選人，後取得博士學位（文學）。專攻古代基督教思想。著作有《聖經解釋者奧利振與亞歷山卓文獻學》（知泉書館）、《歐洲全球化的歷史相位》（共著，勉誠出版）、《總論 基督教史Ⅰ 原始、古代、中世紀篇》（共著，日本基督教團出版局）。譯作有奧利振《基督教教父著作集駁克里索》Ⅰ、Ⅱ（教文館）等等。

中西恭子（Nakanishi, Kyoko）（專欄二）

一九七一年生。東京大學大學院人文社會系研究科研究員，津田塾等大學的兼任講師。東京大學大學院人文社會研究科碩士課程畢業、同大學院博士班候選人，後取得博士學位（文學）。專攻宗教學宗教史學（西方古代宗教及初期基督教的歷史及其表象的接納史），也著有詩作、參與文藝評論。著作有《尤利安的信仰世界：萬花筒中的哲人皇帝》（慶應義塾大學出版會）、《文藝復興、巴洛克的圖書指南》（共著，工作舍）等。詩集有《閃光之庭》（*The Illuminated Park*，Nakanishi Kyoko名義，書肆山田）。

塚原東吾（Tsukahara, Togo）（專欄三）

一九六一年生。神戶大學大學院國際文化學研究科教授。東京學藝大學大學院碩士班，於萊頓大學醫學部取得博士學位。專攻科學史、科學哲學、科學技術社會論（Science and Technology Studies，STS）。共同編著有《帝國日本的科學思想史》（勁草書房）、《關於科學技術的抗爭》（岩波書店）、《科學機器的歷史：望遠鏡與顯微鏡》（日本評論社）等。

年表

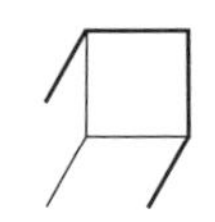

＊粗體字為哲學相關事項

	歐洲	西亞／北非	印度	中國
西元前100年	前106年，**西塞羅出生（-前43年）。**		前一世紀，百乘王朝於南印度成立（-三世紀中前後）	前141年，漢武帝即位（-前87年）。
前90年	前99年，**盧克萊修出生（-約前55年）。**			約前90年，司馬遷撰成《史記》。
前60年		前64年，敘利亞的塞琉古帝國滅亡，敘利亞由羅馬領有。		
前50年		前53年，卡萊戰役。安息帝國打敗克拉蘇的遠征軍。		
前30年		前37年，希律王占領耶路撒冷。希律王開始統治猶太人（-前4年）。 前30年，「埃及豔后」克麗奧佩脫拉自殺，托勒密王朝滅亡。		
前20年	前27年，屋大維接受「奧古斯都」頭銜，羅馬開始進入帝國時期。	約前25年，**斐洛出生（-約前50年）。**		
前1年	前4／後1年，**塞內卡出生（-約前65年）。**	約前4年，**耶穌基督誕生（-約30年之際）。**	**印度教成立。**	前2年，**雖然文獻記載佛教於西元前二世紀傳到中國，實際上是在一世紀。**

	歐洲	西亞／北非	印度	中國
西元元年				8 年，王莽建立新朝（-23 年）。
10 年				18 年，赤眉軍起事（-27 年）。
20 年	約 23 年前後，老普林尼出生（-約 79 年）。	約 34 年前後，保羅皈依為基督徒。		25 年，東漢建國（-220 年）。光武帝即位（-57 年）。
50 年	54 年，尼祿即位（-68 年）。約 55 年，愛比克泰德出生（-約 135 年）。		一世紀前後，貴霜帝國成立（- 四世紀）。	
70 年	71 年，皇帝維斯帕先將哲學家驅離羅馬。79 年，維蘇威火山爆發導致龐貝城被摧毀。			75 年，章帝即位（-88 年）。79 年，白虎觀會議。班固彙整《白虎通義》。
90 年	94 年，愛比克泰德等哲學家被驅離義大利。96 年，涅爾瓦即位。羅馬帝國五賢帝時代開始。			92 年，班固入獄後過世。《漢書》由班固之妹班昭及馬續接手完成。97 年，甘英出使羅馬帝國（大秦），最終未能抵達。
100 年				約 100 年，許慎完成《說文解字》。105 年，蔡倫造紙並進獻給和帝。

	歐洲	西亞／北非	印度	中國
110年				
120年	約129年，蓋倫出生（-200年前後）。			127年，鄭玄出生（-200年）。
130年	117年，羅馬帝國達到最大版圖。		約130年，貴霜帝國迦膩色伽一世即位（-170年），帝國邁向最盛時期。	
140年				146年，桓帝即位（-168年）。
150年		約150年，克勞狄烏斯·托勒密活躍於埃及亞歷山卓。亞歷山卓的聖克萊孟出生（-215年）。	約150年，龍樹出生（-250年）。 二世紀之際，大乘佛教成立。《小品般若經》完成。《般若經》、《法華經》等初期大乘佛教完成。	
160年	161年，馬庫斯·奧理略即位（-180年）。			
180年		約185年，奧利振出生於亞歷山卓（-251年）。		
200年		205年，普羅提諾出生於埃及（-270年）。		
210年		216年，摩尼教創始人，摩尼出生（-277年）。		

	歐洲	西亞／北非	印度	中國
220 年		224 年，安息帝國滅亡。波斯王國的薩珊王朝建國（-651 年）。		222 年，魏、吳、蜀三國鼎立 223 年，「竹林七賢」之一的嵇康出生（-262 年）。 226 年，王弼出生（-249 年）。
230 年	235 年，軍人皇帝的時代（-284 年）。			232 年，佛圖澄出生（-348 年）。
240 年		約 241 年，沙普爾一世即位（-272 年）。 約 245 年，楊布里科斯出生於敘利亞（-325 年）。		
250 年			約三世紀，《涅槃經》、《解深密經》等，中期大乘經典完成。	約 252 年，郭象出生（-312 年）。
280 年	284 年，戴克里先即位（-305 年）。			280 年，西晉滅吳統一中國。
300 年	303 年，基督教徒大迫害。 306 年，君士坦丁大帝即位（-337 年）。			304 年，華北出現五胡十六國（-439 年）。

	歐洲	西亞／北非	印度	中國
310年	313年，米蘭敕令承認基督教合法地位。			312年，道安出生（-385年）。 317年，東晉王朝於江南成立（-420年）。
320年		325年，第一次尼西亞公會議，支持信經的尼西亞派被定為正統，亞流派遭放逐。	約320年，旃陀羅．笈多一世建立笈多王朝（-550年）。	
330年	約331年，尤利安出生（-363年）。 337年，聖安博出生（-397年）。	約330年，凱撒利亞的巴西略出生（-379年）。 335年，尼薩的額我略出生（-394年）。		334年，慧遠出生（-416年）。
350年		354年，奧斯定出生於北非（-430年）。	約四世紀前後，無著（名阿僧伽，《攝大乘論》的作者）活躍時期。	
370年			約376年，旃陀羅．笈多二世即位（-414年）擴大領土。	372年，佛教傳至高句麗。
380年				384年，佛教傳至百濟。
390年	395年，狄奧多西一世歿。羅馬帝國分裂為東西二帝國。			

	歐洲	西亞／北非	印度	中國
400 年		約 405 年，熱羅尼莫完成聖經的拉丁文翻譯。	約五世紀，那爛陀寺建立。世親（Vasubandhu，音譯婆藪盤豆，《唯識二十論》、《唯識三十頌》的作者）；覺音（Buddhaghosa，《巴利文三藏註釋》、《清淨道論》的作者）皆活躍於此時期。 約 405 年，法顯等人抵達中印度。	401 年，鳩摩羅什抵達長安。開始展開數量龐大的經文翻譯作業。
410 年	412 年，普羅克洛出生（-485 年）。	415 年，新柏拉圖主義哲學家希帕提亞遭基督教徒殺害。		412 年，法顯自印度歸國。
430 年		431 年，以弗所公會議，聶斯脫里主義被宣告為異端。		439 年，北魏太武帝統一華北。進入南北朝時期（-589 年）。
440 年				442 年，寇謙之將道教系統化（新天師道）並成為北魏的國教。
450 年		451 年，迦克墩公會議。		約 450 年，范縝出生（- 約 510 年）。

	歐洲	西亞／北非	印度	中國
460年	約462年，達馬希烏斯（柏拉圖學院最後的校長）出生（-538年）。			
470年	476年，西羅馬帝國滅亡。			
480年	481年，克洛維一世成為法蘭克王國的國王。			
500年	約500年，偽狄奧尼修斯文集出現。	約六世紀，編纂《波斯古經》。	約六世紀，安慧（Sthiramati，《唯識三十頌釋》、《中邊分別論釋》的作者）；清辯（Bhavyaviveka，婆維耶毗吠伽、《般若燈論釋》的作者）皆活躍於此時期。	
510年	511年，克洛維一世歿，法蘭克王國一分為四。			518年，《弘明集》編纂完成。
520年	527年，查士丁尼一世即位（-565年）。 529年，查士丁尼一世封閉柏拉圖學院等異教徒學校。			

	歐洲	西亞／北非	印度	中國
530 年		531 年，霍斯勞一世即位（-579）。薩珊王朝進入全盛期。離開柏拉圖學院的哲學家們短期逗留於薩珊王朝。 533 年，查士丁尼一世征服北非的汪達爾 - 阿蘭王國。	530 年，法護（達摩波羅、《成唯識論》的作者）出生（-561 年）。	538（或 553）年，佛教自百濟傳入日本。
570 年		570 前後 穆罕默德誕生誕 生（-632 年）。		
580 年				581 年，北周滅亡，隋朝建國（-618）。
590 年	590 年，教宗額我略一世即位（-604 年）。			
600 年			606 年，普西亞布蒂王朝建立（-648 年）。 約七世紀，月稱（《中觀根本明句釋》的作者）活躍於此時期。	602 年，玄奘出生（-664 年）。

國家圖書館出版品預行編目(CIP)資料

世界哲學史. 2, 古代篇. II, 世界哲學的誕生：建立與發展 / 伊藤邦武, 山內志朗, 中島隆博, 納富信留, 近藤智彥, 戶田聰, 下田正弘, 渡邊義浩, 青木健, 西村洋平, 土橋茂樹, 出村和彥, 出村宮子, 中西恭子, 塚原東吾著；黃耀進譯. -- 初版. -- 新北市：黑體文化, 遠足文化事業股份有限公司, 2025.01
　面；　公分. --（空盒子；5）
ISBN 978-626-7512-36-4（平裝）

1.CST: 哲學史 2.CST: 文集

109　　　　113018616

特別聲明：
有關本書中的言論內容，不代表本公司／出版集團的立場及意見，由作者自行承擔文責。

黑體文化

讀者回函

空盒子5

世界哲學史2古代篇（II）——世界哲學的誕生：建立與發展
世界哲学史2——古代II 世界哲学の成立と展開

作者・中島隆博、納富信留、近藤智彥、戶田聰、下田正弘、渡邊義浩、青木健、西村洋平、土橋茂樹、出村和彥、出村宮子、中西恭子、塚原東吾｜編者・伊藤邦武、山內志朗、中島隆博、納富信留｜譯者・黃耀進｜監譯・山村獎｜責任編輯・涂育誠｜美術設計・林宜賢｜出版・黑體文化／遠足文化事業股份有限公司｜總編輯・龍傑娣｜發行・遠足文化事業股份有限公司（讀書共和國出版集團）｜地址・23141新北市新店區民權路108之2號9樓｜電話・02-2218-1417｜傳真・02-2218-8057｜客服專線・0800-221-029｜客服信箱・service@bookrep.com.tw｜官方網站・http://www.bookrep.com.tw｜法律顧問・華洋法律事務所・蘇文生律師｜印刷・中原造像股份有限公司｜排版・菩薩蠻數位文化有限公司｜初版・2025年1月｜定價・450元｜ISBN・9786267512364・9786267512470（EPUB）・9786267512463（PDF）｜書號・2WVB0005